EXAMEN

DE LA

DOCTRINE DE KANT

PAR

CHARLES SARCHI

> Da mihi intellectum, et scrutabor legem
> tuam : et custodiam illam in toto corde
> meo.
> Psalm. CXVIII, 34.

PARIS
LIBRAIRIE PHILOSOPHIQUE DE LADRANGE
RUE SAINT-ANDRÉ-DES-ARTS, 41
1872

Tous droits réservés.

EXAMEN

DE LA

DOCTRINE DE KANT

PARIS. — IMPRIMERIE DE E. MARTINET, RUE MIGNON, 2.

A

ISAAC PEREIRE

EN SOUVENIR

DE NOTRE VIEILLE AMITIÉ

ET DE NOS ÉTUDES COMMUNES

AVANT-PROPOS

Dans les dernières années du xviii⁰ siècle, après les éclatants travaux des Encyclopédistes, et lorsque la philosophie sensualiste régnait presque universellement sur les intelligences, une voix puissante s'est élevée du fond de l'Allemagne pour appeler la science philosophique à des destinées nouvelles. Les doctrines matérialistes se produisaient alors sous une forme tout aussi dogmatique, tout aussi absolue que les systèmes spiritualistes auxquels on voulait les substituer. Kant, frappé du caractère exclusif de ces affirmations contradictoires, a entrepris la grande tâche de soustraire l'esprit humain à cette tyrannie dogmatique, et de fonder la philosophie sur la critique approfondie des facultés de notre entendement. Il voulait déterminer ainsi les limites que l'essor de notre pensée ne dépasse point sans tomber dans d'inévitables erreurs. La sincérité de son langage, la noblesse de ses aspirations, la sévérité de sa méthode, donnèrent à ses travaux une grande autorité, et son œuvre fut généralement considérée comme une véritable revanche de la liberté philosophique et du spiritualisme sur le dogmatisme superficiel dont on ressentait l'insuffisance et le vide.

Pendant que de nombreuses écoles philosophiques venaient se rattacher au Kantisme comme à leur tronc commun, ses contradicteurs eux-mêmes acceptèrent quelques-unes des principales propositions de cette doctrine, qui s'introduisirent ainsi dans l'enseignement philosophique comme autant d'incontestables vérités.

Cependant les principes et les conséquences de l'enseignement du philosophe de Kœnigsberg n'ont pas été soumis à un rigoureux examen. Parmi les causes qui en ont empêché l'exacte critique, il faut mettre au premier rang l'extrême obscurité de l'exposition doctrinale, ainsi que les complications d'une dialectique subtile couvrant d'une apparence scientifique les détours de l'argumentation. Cette tâche difficile, nous n'avons pas craint de l'entreprendre, protégé que nous sommes par l'obscurité de notre nom, et par notre parfaite indépendance de toute coterie philosophique.

Parvenu au déclin de la vie, dégagé dès lors complétement de toute préoccupation ambitieuse, nous ne sommes poussé que par un ardent amour de la vérité, et nous offrons ces modestes essais, fruit d'une longue méditation, à un petit nombre d'amis qui les liront avec indulgence.

EXAMEN

DE LA

DOCTRINE DE KANT

CHAPITRE PREMIER

ESTHÉTIQUE TRANSCENDANTALE

§ 1ᵉʳ.

Kant a appelé *esthétique transcendantale* la science des principes à priori de la sensibilité, à savoir la connaissance des conditions nécessaires dans lesquelles se produit en nous l'intuition sensible, la perception, par nos sens, des phénomènes matériels. Ces conditions ne nous sont pas données par les objets perçus ; elles sont à priori dans notre faculté sensible, et c'est par elles que nous coordonnons nos perceptions intuitives.

L'*espace* et le *temps* sont ces conditions à priori. Kant les a désignées sous le nom de *formes de la sensibilité.*

En effet, tous les objets extérieurs dont nous avons la perception se présentent à notre pensée comme occupant un *lieu* déterminé dans un *espace* sans bornes, et comme venant se ranger dans la *forme* générale d'un *espace* indéfini.

D'un autre côté, toutes les modifications intérieures de notre sensibilité parviennent à notre conscience d'une manière successive, et dans un *instant* quelconque d'une *durée* conçue par nous comme indéfinie, c'est-à-dire d'un *temps* auquel nous n'assignons aucune limite, et que nous considérons comme embrassant toutes les durées déterminées et finies.

L'immensité de l'*espace*, l'illimitation du *temps* sont considérées par nous comme des quantités susceptibles de division et d'analyse ; nous concevons l'*espace* comme résultant de la juxtaposition d'un nombre incommensurable de portions de l'étendue, et le *temps* comme une agrégation successive d'instants innombrables de la durée. Ces notions d'*espace* et de *temps* se présentent donc à notre esprit comme *indéfinies*.

C'est d'une manière toute différente que s'offre à notre pensée la notion de l'*Infini*. Pendant que nous reconnaissons dans le concept d'*Indéfini* une production de notre intelligence, se rapportant aux conditions de son exercice, nous concevons l'*Infini* comme une *Entité* réelle et objective, comme une unité substantielle indécomposable, qui répugne à toute attribution de parties ; et nous sommes conduits à l'opposer à toutes les existences finies telles qu'elles sont perçues par nos sens, et recueillies par notre entendement.

Cependant cette idée d'*Infini*, objet suprême de notre raison, dépasse tellement les limites de notre intelligence, que nous ne saurions lui fournir des conceptions adéquates, ni l'exprimer par des notions précises. Il nous est conséquemment impossible d'établir un rapport déterminé entre cette Entité substantielle et infinie, et les existences visibles perçues par notre faculté intuitive. Ainsi, ne pouvant nous représenter en elle-même cette idée d'*Infini*, nous sommes réduits à l'exprimer sous une forme négative, qui montre que cette idée se rapporte à un objet différant essentiellement de toutes nos perceptions matérielles, et leur étant même opposé. Mais sous cette dénomination négative, nous ne désignons pas moins une Réalité objective et essentielle.

La conception d'une série indéterminable de temps successifs, aussi loin que nous puissions la pousser, ne saurait équivaloir pour nous à l'idée absolue d'*Éternité*, telle qu'elle se représente à notre esprit avec les caractères d'Unité et de Réalité qui en sont inséparables. Cette idée, tout autant que celle d'*Infini*, excède les limites de notre entendement impuissant à produire des concepts qui y correspondent. Nous n'en pouvons donc raisonner qu'en employant à son égard une expression négative, que nous opposons à toute conception de *succession* et de *durée*.

Remarquons que tandis que l'étendue essentielle et absolue est désignée dans le langage par l'expression négative d'*Infini*, la durée absolue, *quæ nullo tempore metitur*, est signifiée par un terme affirmatif, celui d'*Éternité;* mais ces deux dénominations n'en ont pas moins une portée égale, et n'offrent l'une et l'autre en elles-mêmes qu'un sens purement négatif.

Notre intelligence se confond et se perd quand elle tente de pénétrer l'insondable abîme de l'Infini et de l'Éternité. Dès qu'elle y plonge la pensée, les réalités phénoménales lui apparaissent comme une insaisissable poussière, et elle demeure dans une extase stupéfiante quand elle entreprend de saisir dans son essence ce *quid secretum*, cette incompréhensible Infinité, devant laquelle disparaissent et s'effacent toutes les existences.

Notre vie intellectuelle ne peut exercer ses fonctions que

grâce à des notions intermédiaires, qui s'interposent entre les idées absolues et infinies et les phénomènes matériels qui en sont la manifestation visible, et ces notions, tout en empruntant quelques-uns des caractères de cette Réalité infinie, sont pourtant accessibles à notre entendement, et proportionnées aux conditions de ses facultés. C'est ainsi que les concepts d'*Espace* et de *Temps*, que nous nous représentons comme illimités et indéfinis, mais auxquels nous pouvons appliquer la puissance de notre entendement, nous offrent la *déduction* compréhensible de ces idées inaccessibles d'*Infini* et d'*Éternité*, que nous ne pourrions rapporter directement à nos perceptions phénoménales, sans voir ces perceptions et notre connaissance elle-même s'abîmer aussitôt dans l'Océan sans rivages et sans fond de la Réalité absolue.

Kant, en considérant l'*Espace* et le *Temps* comme les formes nécessaires de notre intuition, a présenté ces formes comme si elles existaient par elles-mêmes ; il n'en a pas recherché la provenance, et ne les a rattachées à aucun lien causal ; rien ne les unit à la réalité objective, et elles demeurent ainsi purement subjectives, sans aucune correspondance nécessaire avec un objet qui les provoque et les détermine.

Nous retrouvons ainsi, au début de son exposition, le caractère distinctif de la *doctrine critique*, et le principe de tous ses développements ultérieurs. Selon notre philosophe, notre intelligence ne puise qu'à une source unique les éléments de notre connaissance, à celle de l'intuition sensible. Dès lors, ne pouvant dériver de cette intuition les formes qui en gouvernent l'exercice, il s'est refusé à en rechercher la provenance et la cause dans un ordre supérieur à l'intuition matérielle, et il n'a pas hésité à les présenter comme existant par elles-mêmes, sans principe et sans support.

Leibnitz, longtemps avant Kant, avait appelé l'*espace* l'ordre des coexistences, et le *temps* l'ordre des successions. Cet éminent esprit affirmait « que l'*espace* et le *temps* sont » de la nature des vérités éternelles....., que l'*espace* est un » *ordre, mais que Dieu en est la source, comme il est la* » *source de toutes les vérités nécessaires* ».

Leibnitz donnait aux notions d'espace et de temps un support réel, en les considérant comme des vérités éternelles, et en les rattachant à Dieu, comme à leur cause efficiente; tandis que Kant prive ces notions de tout caractère de réalité en les isolant de leur principe originel, et en les présentant comme la production spontanée de notre organisme mental.

§ 2

Il est une autre idée *formelle* et ordinatrice, intimement liée à toutes nos perceptions sensibles, et qui ne saurait en être détachée pas plus que celle d'*espace* et de *temps*. C'est celle de *mouvement*, et l'on a lieu de s'étonner que Kant ait considéré le *mouvement* comme une simple perception sensible, c'est-à-dire comme un phénomène accidentel et isolé. Cependant les moindres divisions du contenu de l'*espace*, les actions et les réactions incessantes de chacune de ses parties, se présentent à nos yeux comme une série indéfinie de mouvements, imprimés par une *force* impulsive extérieure et infinie. Conçu indépendamment de cette force, qui est la vie elle-même, et des innombrables mouvements qui en émanent, l'espace et son contenu nous apparaîtraient mornes et inertes, et ne correspondraient en aucune façon à la réalité de nos intuitions.

Le *temps* devient également une forme insaisissable et vide, si on le considère abstraction faite du *mouvement* qui en détermine les successions. N'est-ce pas d'ailleurs par l'appréciation des mouvements des masses célestes, que nous mesurons ce *temps*, et y déterminons des divisions régulières et uniformes? Le *temps* est l'ordre des successions, parce qu'il est la mesure des *mouvements*.

Nous nous représentons mentalement l'*espace*, le *temps* et le *mouvement* comme des concepts distincts, mais notre faculté ordinatrice n'exerce pas moins sur nos perceptions une même action simultanée que nous concevons sous des formes diverses. Amenés par un invincible besoin de notre nature à attribuer à une cause originelle ces formes régulatrices, nous reconnaissons, au delà des limites de nos perceptions phénoménales, une *force* vivante et absolue, à laquelle nous attribuons cette *infinité* et cette *éternité*, dont la *déduction* compréhensible nous est donnée par les concepts indéfinis de *mouvement*, d'*espace* et de *temps*, qui accompagnent, coordonnent et mesurent nos perceptions intuitives.

Les réflexions qui précèdent nous paraissent signaler d'importantes lacunes dans l'*Esthétique* transcendantale de notre philosophe.

Notre faculté intuitive y est représentée comme produisant d'elle-même, et par sa propre énergie, les lois, les conditions nécessaires de son exercice.

Les formes de cette intuition qui fournit à notre entendement la matière de notre connaissance, demeurent purement *subjectives*. Dès lors toutes les opérations de notre entendement se trouvent frappées, au point originaire de leur production, d'un caractère de subjectivité qui les suivra dans leur développement ultérieur.

Et ce qui est également d'une grande importance, les formes de notre sensibilité, les conditions générales de notre intuition, y ont été énoncées, à notre sens, d'une manière incomplète. En omettant d'y comprendre le concept de *mouvement* qui accompagne toutes nos perceptions, et sans lequel les notions de *temps* et d'*espace* nous apparaîtraient vides et inertes, Kant s'est représenté la totalité des phénomènes, le Monde, comme un ensemble inanimé, indépendant de la *force* créatrice dont il émane, et qui le conserve en y répandant par un mouvement incessant les flots de la vie universelle.

CHAPITRE II

LOGIQUE TRANSCENDANTALE.

§ 1er.

Nous avons vu que, dans le langage de Kant, l'esthétique transcendantale exposait les *formes*, les conditions à priori qui déterminent l'exercice de notre sensibilité, à savoir de la faculté qui nous fait recevoir les impressions extérieures.

Toutes les représentations de notre pensée peuvent être envisagées d'un double point de vue : de celui de l'objet de la représentation offerte à notre esprit, et de celui de l'action exercée par notre esprit sur cette *matière* extérieure, et des conditions qui en déterminent l'exercice. Ces *conditions* de l'exercice de nos facultés sont inhérentes à notre intelligence; elles sont en nous à priori, et peuvent être considérées indépendamment de la *matière* sur laquelle elles s'exercent.

La connaissance de ces principes à priori est appelée par Kant *transcendantale;* il nomme *empirique* celle qui se réfère aux objets considérés en eux-mêmes, et abstraction faite de l'action exercée sur eux par les fonctions de notre intelligence.

Après avoir exposé dans l'*Esthétique transcendantale* les *formes*, les conditions à priori qui déterminent l'exercice de notre sensibilité, il a établi parallèlement dans la *Logique transcendantale* les conditions à priori, les formes ordinatrices de notre entendement par rapport aux objets de son exercice.

Nous avons indiqué au chapitre précédent que les formes qui coordonnent nos perceptions, bien qu'on les désigne par trois dénominations, n'en procèdent pas moins d'une seule faculté ordinatrice qui les produit avec simultanéité. La distinction qu'en opère notre esprit, les termes différents par lesquels nous les désignons, ne doivent pas nous empêcher de reconnaître leur unité originelle, et la correspondance nécessaire qui en résulte.

Il en est de même en ce qui touche les facultés de notre entendement et les principes qui en règlent le fonctionnement. Nous ne les isolons que par un procédé artificiel et conforme aux besoins de notre connaissance, mais nous ne devons pas oublier que ces distinctions se réfèrent à une puissance unique dont les développements se produisent avec simultanéité, et présentent nécessairement une parfaite concordance.

Ainsi malgré ces distinctions, nos facultés concourent ensemble à fournir à notre connaissance les divers éléments qu'elle élabore, et elles coopèrent toutes à cette élaboration. La *sensation* reçue passivement par la voie des sens extérieurs, son *aperception* par un mouvement actif de la pensée, sa *représentation* par l'imagination, l'*appréhension* qu'en fait la conscience, la *distribution* qu'en opère l'entendement, ainsi que l'*appréciation* consécutive qu'en détermine le jugement, sont des actes concordants et presque simultanés d'une intelligence unique, qui sous des dénominations différentes et des fonctions diverses, n'en demeure pas moins identique.

C'est la limitation des forces de notre esprit qui nous oblige à envisager à part chacune de ces fonctions, et à les isoler; mais les actes qui y correspondent s'accomplissent à la fois, et viennent ensemble frapper notre sensibilité, ainsi qu'exciter notre connaissance. L'étude de nos facultés, considérées isolément, est nécessairement incomplète, et conduit à des appréciations inexactes, lorsqu'on n'a pas la perpétuelle conscience des conditions dans lesquelles elle s'accomplit, et que l'on perd de vue le caractère fictif de cette séparation des fonctions diverses d'une unité indivisible, qui sent, perçoit se représente, appréhende, conçoit et juge, et est la source et le but d'où part, et où aboutit cet effort à la fois un et multiple.

Dans ce concours, les puissances de notre entendement se prêtant un mutuel appui viennent toutes compléter l'œuvre de chacune, mais cette œuvre est inexactement appréciée, lorsque ayant envisagé à part le jeu de ces fonctions diverses, on en conçoit l'exercice comme indépendant, sans considérer l'action vitale qui en vient combler les lacunes.

Dans l'exposition de sa *Logique transcendantale*, Kant a perdu de vue cette action commune des diverses fonctions de notre intelligence. Il les présente comme si les lois spéciales auxquelles elles sont soumises n'avaient entre elles aucune connexité, et ne se rattachaient pas à un principe commun, vivant et réel.

Il lui fallait pourtant montrer d'une manière quelconque la liaison de nos facultés; mais au lieu de chercher cette liaison dans la dépendance réciproque des fonctions de notre intelligence, et dans l'action du principe unique qui leur transmet incessamment les éléments d'une vie réelle et commune, il a voulu l'établir, comme nous aurons de nombreuses occasions de le constater, par des combinaisons logiques, et par l'interposition de purs concepts qui ne pouvaient donner que des rapports nominaux. Nous le verrons d'ailleurs substituer constamment une liaison logique des concepts, résultant des déductions d'une pensée arbitraire, à celle qui est donnée par les rapports réels des choses; de là ces discussions subtiles et diffuses, dont l'obscurité cache mal l'inconsistance intrinsèque.

Lorsque nos sens viennent à subir l'action des phénomènes extérieurs, la modification qu'en éprouve notre conscience se décompose, il est important de le remarquer, en deux éléments essentiellement dissemblables. L'un d'eux agit sur nos organes physiques et excite en nous un sentiment de plaisir ou de douleur ; il provoque ainsi l'exercice de notre activité volontaire, appelée à pourvoir à la conservation de notre organisme, en recherchant ce qui favorise cette conservation, et en écartant ce qui lui est contraire. L'autre élément vient frapper notre connaissance et y introduit une perception rationnelle, qui amène le développement de notre activité mentale et de toute la série des opérations de notre intelligence.

Notre pensée distingue d'une manière absolue cette bifurcation d'une perception unique ; mais il ne faut pas oublier que cette distinction est artificielle, et que, dans la réalité, les opérations de notre entendement éclairent les déterminations de notre volonté, comme notre connaissance vient à subir elle-même l'influence des modifications de notre sensibilité, car la nature agit avec ensemble, et fait fonctionner à la fois les forces dont elle dispose.

La limitation de notre entendement nous oblige à étudier

une à une l'action de nos forces diverses et de leurs fonctions multiples ; mais cette œuvre d'analyse et de dissection s'opère sur une vivante et une indivisible unité, dont toutes les manifestations concordent et se complètent.

On perd trop souvent de vue, dans l'exposition théorique de la psychologie, l'inhérence et la dépendance réciproque de nos facultés. Il en résulte que les conditions de leur développement sont présentées sous un aspect tout mécanique. On s'efforce alors d'établir des rapports purement extérieurs et logiques entre les diverses fonctions de notre intelligence, lesquelles, réduites à n'être que de purs concepts, sont considérées à part, indépendamment de leur vie réelle et de l'influence des autres fonctions de notre organisme mental.

C'est ainsi que l'exercice de notre entendement, isolé des modifications de notre activité volontaire et affective, est conçu comme un ensemble d'opérations qui se succéderaient hors de notre conscience. Aussi Kant a-t-il rencontré d'insurmontables difficultés quand il a voulu ramener par une série de raisonnements les divers éléments de notre connaissance à une unité synthétique, et surtout quand il a entrepris de les rattacher à l'unité de la conscience, au *moi* pensant, sensible et responsable. Il a déployé d'immenses efforts pour établir cette synthèse logique, et pour expliquer l'assomption de cette synthèse par la conscience, mais les inépuisables ressources de sa dialectique ont été impuissantes à lui procurer par cette voie la solution d'un problème que le simple sens commun résout à chaque instant, ainsi qu'en témoignent toutes les manifestations de l'activité humaine.

§ 2

Avant toute étude des fonctions de notre entendement et des lois qui en déterminent l'exercice, il nous faut reconnaître tout d'abord que notre connaissance est soumise à des conditions générales, à des principes d'un ordre supérieur à l'intuition sensible, sans lesquels notre pensée serait réduite à ne saisir que de vagues apparences, dépourvues d'une signification rationnelle.

Et d'abord les opérations de notre entendement, ainsi que les résultats dont elles enrichissent notre connaissance, doivent s'accorder constamment et constituer un ensemble dont aucun élément ne se contredise. Ce fait nécessaire s'exprime par le *principe de non-contradiction*, principe impliquant l'unité de notre entendement, laquelle se manifeste par la concordance de ses opérations. Avant de reconnaître et de distinguer les fonctions de l'entendement, il faut donc admettre que cet entendement est *un* et que ses opérations sont *concordantes*.

Notre connaissance demeurerait également sans base, et n'enfanterait que de pures illusions, si nous n'avions pas l'inébranlable sentiment de la *véracité* de nos perceptions, à savoir de leur correspondance réelle avec les phénomènes extérieurs qui les déterminent, et c'est sur la réalité de cette correspondance que se fonde notre vie intellectuelle.

Il est trop évident que ces notions fondamentales de l'*unité* de notre intelligence, de la *concordance* nécessaire de ses opérations, de la *correspondance* de nos perceptions avec une Réalité objective, ne dérivent pas en nous de l'intuition sensible. Nous ne pouvons pas admettre davantage que l'entendement les produise par une force intrinsèque, indépendamment d'une action causale, et nous nous appuyons sur le sentiment universel de l'humanité en les attribuant à une cause suprême et absolue, foyer de la vie universelle, à la Vérité éternelle qui illumine notre intelligence, et dont nous avons une intuition proportionnée aux limites de nos facultés.

Ainsi, avant toute étude des lois de notre entendement, et pour établir la possibilité de leur exercice, il nous faut admettre ces trois principes fondamentaux : 1° l'unité de notre entendement; 2° la concordance de ses opérations; 3° la véracité de ses perceptions, à savoir, leur correspondance réelle avec l'Ordre de la nature.

Ces principes, conditions nécessaires de l'exercice de notre pensée, nous sont attestés par les manifestations de notre activité mentale, telles qu'elles se révèlent par le langage et par tous les actes de notre vie pratique. Tout y affirme l'unité de la conscience et de la pensée humaine, car nos sensations, nos concepts, nos volitions et nos actes sont incessamment attribués par nous à un *moi* indivisible, où ils aboutissent et d'où ils émanent. Nous repoussons toute contradiction dans nos pensées comme contraire aux conditions essentielles de l'exercice de notre intelligence; enfin, nous n'élevons aucun doute sur la *réalité* de nos perceptions et sur leur conformité avec les objets perçus. Ainsi (et sauf les aberrations sophistiques de quelques penseurs solitaires, dont les actes pratiques contredisent à chaque instant les réserves spéculatives), nous reconnaissons que nos perceptions nous révèlent une Réalité objective; nous sentons que nous ne sommes pas le jouet d'un Génie malfaisant et trompeur qui nous environne d'illusions et de songes, mais que nous sommes incessamment secourus par une Lumière divine qui nous éclaire et nous guide.

§ 3

Il est d'autres notions fondamentales, essentielles à notre connaissance, qui dépassent infiniment nos perceptions sensibles, et nous révèlent une intuition supérieure. Telle est l'idée de *substance*, par laquelle nous rattachons nos perceptions phénoménales à des *unités* substantielles, indivisibles, que nous ne pouvons figurer et déterminer, mais que nous concevons comme étant le lien et le support des modifications perceptives qui leur correspondent, et comme leur donnant la consistance et l'unité sans lesquelles elles ne pourraient devenir un élément de notre connaissance.

Le principe de *causalité*, en vertu duquel nous considérons tous les objets de notre pensée comme une série non interrompue d'*effets* et de *causes*, figure également parmi ces notions d'ordre supérieur que nous ne saurions déduire de nos perceptions sensibles. Ce principe exprime l'invincible besoin de notre intelligence de lier entre eux, dans une exacte subordination, tous les éléments de notre connaissance, et de les considérer comme les anneaux d'une chaîne infinie rattachant toutes les choses à une cause originelle et suprême.

Locke, ce penseur judicieux dont la parfaite sincérité eut trop souvent à lutter contre les déductions de théories insuffisantes, s'est trouvé fort embarrassé par l'idée de *substance*, qu'il rencontrait à chaque instant dans les raisonnements et le langage, et qui répugnait cependant à son système idéologique. Aussi n'admit-il cette idée de *substance* que d'une manière nominale, et *comme quelque chose dont il ne pouvait se rendre compte*.

Quant à la *causalité*, on sait comment l'ingénieux David Hume a nié que l'on pût légitimement établir la liaison et la subordination des phénomènes, et comment il a cru expliquer par la simple *habitude* l'acte de notre entendement par lequel nous subordonnons les unes aux autres nos perceptions par une liaison d'*effets* et de *causes*.

Nous aurons à examiner ultérieurement quelle est la place assignée réellement par Kant aux idées de *substance* et de *causalité* et à montrer l'insuffisance de sa doctrine par rapport à ces importants principes. Mais, avant d'entreprendre l'examen de la manière dont notre philosophe a considéré les fonctions de l'entendement et leurs rapports mutuels, il est peut-être utile d'insister sur le caractère particulier que présentent les idées fondamentales par nous énumérées, et qui dérivent en nous d'une intuition *intelligible*, laquelle est d'un tout autre ordre que l'intuition *sensible*, qui nous donne la perception des phénomènes matériels.

Ces idées d'*Infinité*, d'*Éternité* et de *Force*, dont nous avons la déduction dans les concepts formels d'*Espace*, de *Temps* et de *Mouvement*, qui coordonnent nos perceptions sensibles; cette conscience d'un *Moi* et de son indivisible Unité; ces principes de la *concordance* nécessaire des divers éléments de notre connaissance, de la *conformité* de nos perceptions avec les réalités du monde extérieur; cette conception de la *substance*, support des qualités diverses perçues par nos sens extérieurs; ce principe de *causalité*, en vertu duquel tous les objets de notre connaissance sont considérés par nous comme liés entre eux, ces conceptions supérieures qui assurent une base solide à l'exercice de notre entendement ne se bornent pas à différer de nos perceptions sensibles, elles leur sont contradictoires, car elles offrent à notre esprit un caractère absolu de fixité et d'universalité, en complète opposition avec la mobilité et la particularité inhérentes aux données de notre intuition matérielle. Notre intuition supérieure nous révèle ainsi tout un ordre de réalités que nous pouvons *penser*, mais que nous ne saurions ni nous représenter par des images sensibles, ni déterminer par des concepts rationnels. Ces réalités indéterminables et invisibles n'en sont pas moins les éléments régulateurs de toutes les manifestations de notre activité mentale, tant spéculative que pratique.

Le langage, où se retrouve à chaque instant l'expression de ces principes supérieurs, nos pensées, qu'une étude exacte nous montre soumises à des lois nécessaires, notre vie pratique, dont tous les actes, dans leur variété et leur mobilité indéfinies, sont déterminés par des règles impératives et absolues ; tout manifeste dans notre conscience la coexistence d'éléments puisés à une double source d'intuition, ainsi que la prééminence des objets purement intelligibles sur ceux qu'il nous est donné de sentir et de figurer.

Il était utile de rappeler l'origine de ces principes, leur nature et leur valeur, avant de passer à montrer la manière dont ont été conçues par Kant les fonctions de notre entendement et les lois qui en règlent l'exercice.

CHAPITRE III

DES CATÉGORIES DE L'ENTENDEMENT

§ 1

Les concepts de notre entendement, dans leur variété et leur multiplicité indéfinies, s'offrent à notre observation avec des caractères saillants et divers qui nous permettent d'en opérer une classification régulière. Ces caractères différents dénotent par leur stabilité une action permanente et régulière des fonctions de notre entendement; nous comprenons ainsi que ces fonctions s'exercent en vertu de lois fixes et nécessaires, dont nous trouvons l'expression dans les *éléments régulateurs* que nous dégageons des caractères généraux de ces concepts.

Kant, d'après Aristote, a donné à ces éléments régulateurs le nom de *catégories*.

La classification de ces catégories, et la détermination de leur origine et de leur importance, forment une partie essentielle de la doctrine de notre philosophe. C'est en s'appuyant principalement sur le rôle assigné par lui aux catégories, qu'il a entrepris de constituer un ensemble systématique, d'où devait résulter selon lui la solution des problèmes que se pose l'esprit humain pour expliquer et légitimer ses opérations.

Il faut remarquer que Kant n'a point conçu les formes catégoriques comme la production des fonctions réelles de notre entendement, comme l'expression et le résultat des lois nécessaires qui en déterminent l'exercice. Faisant une complète abstraction des conditions de notre faculté mentale et de l'action de ses fonctions intrinsèques, il a considéré les catégories comme l'expression d'une ordination tout extérieure de nos concepts, et il les a réduites ainsi à n'offrir que de simples dénominations répondant à une distribution artificielle, sans aucun rapport direct avec notre organisme mental et son exercice.

On comprend dès lors que Kant, ayant considéré les catégories comme des divisions établies d'après une classification artificielle plus ou moins ingénieuse de nos concepts, ait pu les attribuer *à la spontanéité de notre entendement*, c'est-à-dire à la spontanéité de l'entendement en tant que *sujet* pensant, auteur de cette classification, et non pas en tant qu'*objet* pensé. De quelque façon que l'on veuille entendre cette *spontanéité de notre entendement*, cette expression n'offre point un sens acceptable, car dans un sens et dans l'autre on aurait, ou, d'un côté, un esprit opérant une classification artificielle et arbitraire, ou, de l'autre, un entendement agissant par sa propre énergie, sans se rattacher à une cause efficiente. Le sens de l'expression employée par notre philosophe demeure donc douteux, mais la suite de cette discussion montrera qu'il a conçu les catégories comme le résultat d'une simple distribution logique. C'est en cela que Kant s'est complétement écarté du point de vue vraiment scientifique du grand Stagyrite.

En comparant nos intuitions originelles aux concepts qui en dérivent, on reconnaît que notre entendement leur fait subir une complète transformation, par laquelle les perceptions confuses et mobiles de notre sensibilité devenues intelligibles peuvent, dans leur nouvel état, être saisies par notre pensée, et devenir l'objet de nos jugements. La diversité de nos concepts et celle des transformations qu'ils accomplissent, sont principalement déterminées par la nature des intuitions qui en sont la matière originelle, par la source matérielle ou spirituelle dont elles émanent. On trouverait, ce nous semble, dans cette distinction un guide précieux pour la classification de nos catégories, et il serait facile d'en dégager sûrement les lois régulatrices dont elles sont appelées à nous offrir l'expression.

§ 2

Les catégories sont distribuées par Kant en quatre classes, celles de Quantité, Qualité, Relation et Modalité.

Il présente cette classification comme n'étant pas arbitraire, et comme dérivant systématiquement d'un principe commun : *de la faculté de juger et de penser.*

Mais a-t-il entendu cette faculté de *juger et de penser* dans un sens *objectif*, et comme nous fournissant, par des manifestations réelles et observables, des données dont nous puissions extraire ces catégories, ou bien l'a-t-il considérée subjectivement dans son exercice indépendant et actif, comme imposant aux objets de sa connaissance des déterminations provenant de sa propre énergie ?

L'ambiguïté des termes que nous signalions tout à l'heure, se retrouve ainsi dans le double sens que l'on peut attacher à *la faculté de juger et de penser*, laquelle peut être conçue pareillement sous un rapport objectif ou subjectif.

Cette ambiguïté de l'expression, et le vague qui en résulte, correspondaient peut-être à l'état de la pensée de notre philosophe, mais les développements ultérieurs de sa doctrine prouvent qu'il a entendu ce jugement et cette pensée dans un sens subjectif, et comme opérant la coordination des catégories d'après des données indépendantes de l'organisme intérieur de notre faculté mentale, et qui proviennent de l'action purement extérieure et logique de la pensée et du jugement.

Ainsi les concepts catégoriques n'étant pas considérés par Kant comme la représentation nécessaire des fonctions de l'entendement, n'ont même pas une valeur subjective correspondant aux conditions intrinsèques de nos facultés; on ne peut leur assigner qu'une signification purement conceptive, et il faut les considérer comme la simple expression d'une distribution logique.

La classification exposée par Kant, et opérée, selon nous, d'une manière arbitraire, offre des résultats qui nous paraissent inacceptables.

Il range indifféremment, et en leur donnant une importance égale, dans la classe de *Relation*, les catégories de *substance* et d'*accident*, celles de *causalité* et de *dépendance*, sans marquer entre elles une subordination quelconque; il est donc évident qu'il n'a considéré ces concepts catégoriques qu'au point de vue logique, où les déterminations contraires ont une égale valeur, parce qu'elles offrent l'une et l'autre le développement opposé d'une même notion. On a aussi de la peine à concevoir comment la catégorie de *Réalité* ait pu être comprise par Kant dans la classe de *Qualité*.

Une classification qui n'a aucun égard à l'importance des

idées ne pouvait que jeter l'esprit dans une inextricable confusion.

Il y a lieu également de s'étonner en voyant les notions fondamentales de *substance*, de *réalité* et de *causalité* mises par Kant sur le même rang que les *prédicaments* catégoriques, sans que rien en dénote l'importance spéciale. Les conséquences de cette confusion se sont fait sentir sur tous les développements de sa doctrine.

Notre raison se refuse à donner une importance égale à des concepts qui expriment les uns une action causale, nécessaire et efficiente, les autres des effets contingents et passifs. Il est en effet de toute évidence que notre entendement considère comme *accidents*, comme choses contingentes et dépendantes, les phénomènes perçus par notre sensibilité, et qu'il conçoit les idées de *cause* et de *substance* comme se rapportant à des objets d'un tout autre ordre, auxquels nous rattachons, en les subordonnant, nos perceptions sensibles qui nous offrent des effets contingents et variables, et des *qualités* accidentelles et multiples.

La notion de *Réalité* a été placée par Kant dans la classe de *qualité*, au même rang et avec la même importance que la *Négation* et la *Limitation* (il les a considérées, en effet, toutes trois comme des déterminations diverses, mais d'une valeur égale d'une même conception logique). Cette notion de *Réalité* enveloppe pourtant le concept suprême d'*essence*. N'est-il pas étrange de voir la *Réalité essentielle*, ἡ οὐσία, cet Objet perpétuel de notre Raison, ramenée à ne représenter qu'une dénomination logique et une simple expression ordinale ? On est donc en droit d'attribuer aux principes de la Doctrine critique et à cette classification des éléments de notre connaissance qui en est la base, ces systèmes qui viennent encore aujourd'hui reproduire après vingt-trois siècles les sophismes de Protagoras, si admirablement réfutés par le divin Platon, lesquels identifient l'*essence* immortelle et les *existences* périssables, le *sum* et le *fio*, la réalité objective et les divagations d'une dialectique effrénée.

Locke, qu'embarrassait si fort la notion de *substance*, Hume, qui se refusait à reconnaître dans les phénomènes une subordination nécessaire, et partant toute liaison d'*effets* et de *causes*, eussent tous deux accepté sans peine la classification de Kant, laquelle n'accorde aux notions de *substance* et de *causalité* qu'une valeur conceptive, car ces deux philosophes, tout en contestant la réalité objective de ces principes, n'en ont pas nié la présence dans la pensée humaine.

§ 3

L'observation de nos concepts et des caractères qui les distinguent nous montre que nos fonctions mentales et les conditions de leur exercice se produisent d'une manière très-différente, selon qu'elles agissent sur des concepts qui se rapportent aux objets de notre intuition matérielle, ou sur ceux qui nous représentent les objets de notre intuition spirituelle. Or, la systématisation des catégories est artificielle et arbitraire quand elle ne correspond pas à la variété de l'exercice de nos fonctions mentales, et qu'elle ne nous en offre pas la représentation. C'est donc à l'un et à l'autre de ces ordres d'intuition, aux formes qui coordonnent notre intuition sensible, et aux principes supérieurs que nous révèle l'intuition intelligible, qu'il faut rapporter nos catégories pour obtenir leur classification rationnelle.

Kant a procédé d'une tout autre façon. Nous montrerons par quelques exemples qu'une classification fondée sur ces principes offrirait de réels avantages.

Kant a rangé dans la classe de *Modalité* les catégories affirmatives ou négatives de *possibilité*, d'*existence* et de *nécessité*. Cette classe offre l'expression des fonctions les plus élevées de notre intelligence, celles qui déterminent à la fois et les conditions les plus générales de notre pensée et le champ où s'étend notre connaissance. Les catégories comprises dans cette classe, ainsi que celles de *Causalité* et de *Réalité*, doivent être rapportées, avec les modifications qui y correspondent, à notre intuition intelligible. Leur action ordonnatrice se présente à notre esprit avec un caractère absolu d'autorité, de nécessité et d'universalité, et leur ensemble nous offre la base sur laquelle repose le système entier de notre connaissance. Aucune donnée des phénomènes sensibles, aucune conception logique de notre entendement, ne saurait se présenter à notre esprit avec le caractère de nécessité apodictique et de vérité objective qui est inhérent à ces notions fondamentales. Ces notions se rapportent donc à cet Ordre intelligible, où tout est stable et nécessaire, et d'où nous viennent les connaissances qui constituent la vie spéciale de l'homme, son existence rationnelle, morale et sociale.

La classe de *quantité* pourrait se rapporter à la forme de l'*espace*, comme ayant pour objet l'agrégation, la supputation et la division de ce qui est mesurable et étendu.

Celle de *qualité* se référerait à la forme du *temps*, car la perception des *qualités* phénoménales modifie notre sensibilité d'une manière successive et dans un *temps* quelconque.

Celle de *relation* ne peut se concevoir sans la forme de

mouvement, car toute relation implique un mouvement quelconque, et suppose une *force* impulsive qui la détermine. L'idée de *relation* exprime une liaison entre des objets divers, et en conséquence une action et une passion réciproquement exercée et subie par ces objets, d'où la nécessité d'un mouvement qui les rapproche ou les écarte, et qui serve de véhicule à leurs modifications mutuelles.

On pourrait donc aisément faire correspondre nos catégories aux diverses fonctions de notre entendement, lesquelles s'offrent à notre observation dans la diversité des caractères des concepts qui en émanent. La classification de nos concepts s'opérerait ainsi, en distinguant, d'une part, ceux qui expriment des principes supérieurs (bases de notre connaissance), perçus par notre intuition intelligible, et, d'autre part, ceux qui se rapportent à chacune des formes (*espace*, *temps*, *mouvement*) de notre intuition sensible. Une semblable distribution nous paraîtrait de tout point préférable à la classification arbitraire et tout extérieure établie par Kant; et qui a été tant applaudie malgré son inexactitude.

§ 4

Dans la discussion à laquelle nous nous sommes livré au sujet des formes de l'intuition et des catégories de l'entendement, nous avons montré que la doctrine de Kant présentait une grave lacune par sa négation constante de l'intuition intelligible. En n'accordant à l'homme qu'une source unique de perceptions directes, celle de l'intuition sensible, en lui refusant toute intuition supérieure à la sensibilité, il enlevait en même temps à l'entendement la possibilité d'établir la correspondance de ses représentations avec des objets extérieurs, laquelle ne peut être donnée que par un concept dépassant la sensibilité. Kant a ainsi confiné notre pensée dans ses évolutions solitaires, sans lui laisser un terrain solide où poser les bases de sa connaissance.

L'austère et profond génie de notre philosophe ne l'avait donc pas isolé des influences de son siècle, et malgré ses tendances personnelles, qui se sont assez manifestées par l'élévation de ses aspirations morales, l'habitude générale des esprits à la fin du xviii° siècle se montre clairement dans la *Critique de la Raison pure*, et s'y traduit par une vive répugnance (au point de vue spéculatif) pour les choses spirituelles et divines. Il ne faut donc pas s'étonner de voir cet éminent esprit s'obstiner à réduire notre puissance intuitive aux seules perceptions matérielles.

Cependant la philosophie de Kant a été généralement considérée comme répugnant aux principes du matérialisme, mais cette opinion ne tient nullement au fond même de sa doctrine; elle a été produite uniquement par la méthode suivie par notre philosophe, par le vaste appareil logique dont il a enveloppé sa pensée, et par l'abstruse argumentation dialectique qu'il a constamment employée. Tout cet ensemble austère contrastait fortement avec les formes habituelles de l'exposition du matérialisme, et frappé du caractère extérieur de son enseignement, on n'a pas reconnu que le rôle exclusif assigné par lui à l'intuition sensible le rapprochait singulièrement des écoles sensualistes qui font dériver notre connaissance de la perception matérielle et de ses transformations successives.

Nous avons montré que Kant avait conçu les catégories et leur classification d'une manière conceptive et logique, et comme des combinaisons ordinatrices faites par une pensée arbitraire. Ainsi les catégories, telles que Kant les comprend, n'ont même pas une valeur subjective résultant de leur correspondance avec les fonctions de notre entendement et les conditions nécessaires de leur exercice; à un tel point de vue, si ces concepts régulateurs de notre connaissance ne nous conduisaient pas à saisir la réalité objective des choses, ils exprimeraient, au moins, la façon particulière dont nous nous en représentons l'existence. Il lui eût fallu pour cela, comme nous l'avons remarqué, fonder la classification sur une exacte observation de nos concepts, et déterminer par elle les conditions de l'exercice de nos fonctions mentales, tandis qu'il s'est fondé dans cet important travail sur une conception arbitraire de son esprit, et sur les déductions logiques qui en résultaient. Mais Kant eût établi sur une base inébranlable le système de notre connaissance, si après avoir rapporté nos catégories aux fonctions réelles de notre entendement, il eût rattaché ces fonctions elles-mêmes à un principe originel et causal.

Kant n'a pas appliqué aux seules catégories cette méthode toute conceptive et discursive. Quand il étend son argumentation et qu'il en développe toute la portée, il vient à considérer l'entendement lui-même comme une pure synthèse agrégative, expression logique de l'ensemble de nos facultés mentales, et non pas comme une chose vivante et réelle, puisant et transmettant tour à tour les éléments de la vie universelle. Il a représenté cette vivante réalité par une notion nominale qu'il considère en elle-même et indépendamment de toute attribution; les catégories de notre entendement sont également pour notre philosophe de vides abstractions; c'est son esprit qui a déterminé les concepts qu'elles doivent contenir, et les modifications qu'elles ont à leur imposer, et ce contenu et ces modifications sont fixés d'une manière absolue, sans aucune communication réciproque, et avec la précision rigoureuse inhérente à toute abstraction.

Mais en dépit de cette conception purement agrégative et synthétique, cet entendement dont les manifestations ne pouvaient manquer de se présenter à lui comme quelque chose d'un et de réel, a été souvent considéré par lui comme une faculté active qui, fermée à toute intuition extérieure et directe, *pense et ne perçoit point;* et c'est, suivant lui, par une force intrinsèque et spontanée que l'entendement élabore et transforme les éléments que lui fournit la seule intuition sensible. Mais comment cet entendement peut-il trouver en lui-même, et par sa propre énergie, ces principes qui rendent fixes et intelligibles les flottantes perceptions de la sensibilité? Lui reconnaître une semblable puissance n'est-ce pas comme si, en voyant fonctionner une machine, on attribuait à ses rouages le principe de sa motion, et qu'on oubliât la force extérieure par laquelle elle agit et se meut?

Nous ne sommes qu'au début de l'Idéologie de Kant, et déjà nous pouvons nous convaincre que bien loin de suppléer aux lacunes des doctrines de Locke, de Hume et de Condillac, notre philosophe a ouvert une voie plus large aux invasions de l'idéalisme et du scepticisme. C'est à lui qu'il faut faire remonter, comme à sa source originelle, ce subjectivisme qui confond tous les rapports, exagère outre mesure ou annule sans réserve la portée de l'intelligence humaine, et qui ne se renfermant plus désormais dans le terrain supérieur des discussions abstraites, se produit dans les œuvres purement littéraires, où nous rencontrons trop souvent le sentimentalisme dissolvant et doucereux, écœurante expression de cette inconsistante doctrine.

§ 5

Nous résumerons en quatre points distincts les divers problèmes que Kant s'est efforcé de résoudre pour déterminer le champ de notre connaissance, et légitimer l'exercice de nos facultés mentales. La discussion de ces graves questions se présente d'une manière fort confuse dans la *Critique de la Raison pure*, et ce n'est qu'à grand'peine qu'on parvient à la suivre au milieu d'une argumentation compliquée, qui est incompatible avec une exposition méthodique et rationnelle.

Il s'agissait de montrer :

1° Comment se produit l'unité représentative des perceptions sensibles.

2° Comment ces représentations viennent à se transformer en concepts.

3° Comment ces concepts sont assumés par la conscience.

4° Comment notre conscience imprime à ces concepts un caractère objectif et réel.

Nous essayerons de reproduire fidèlement la substance de l'argumentation de notre philosophe, tout en la dégageant des considérations étrangères qui en embarrassent le rigoureux développement.

I. C'est par une opération synthétique que nous réunissons en une *unité* la diversité de nos *représentations* phénoménales. Kant attribue à l'*imagination* la construction de toute synthèse. (1) « *La synthèse en général* (dit-il dans sa

---

(1) Nous nous servons de l'excellente traduction de M. Jules Barni.

Critique de la Raison pure, au § 10, section III de l'Analytique transcendantale) *est un simple effet de l'imagination, c'est-à-dire d'une faculté de l'âme, aveugle mais indispensable, sans laquelle nous n'aurions aucune espèce de connaissance, mais dont nous n'avons conscience que très-rarement.* »

Voilà donc un nouvel automate agissant par une vertu intrinsèque, et qui produit l'unité, non-seulement de nos perceptions sensibles, mais de tous les actes de notre entendement, les plus communs comme les plus élevés. Et c'est à une faculté qu'il appelle *aveugle, et dont nous n'avons conscience que très-rarement,* qu'il attribue la puissance unitive, à savoir l'élément fondamental de notre connaissance! Mais l'action de l'imagination ne consiste-t-elle pas à nous représenter d'une manière successive nos perceptions les plus saillantes? Et comment ces représentations diverses et mobiles pourraient-elles donner une unité synthétique qui les dépasse et leur est contradictoire?

Cette action unificative n'est donc pas exercée par une faculté *aveugle;* elle procède de l'entendement, et accompagne l'exercice de toutes ses fonctions. Or, l'entendement et ses fonctions proviennent eux-mêmes d'un principe supérieur, efficient et originel. L'idée d'*unité* qui correspond à cette fonction unitive de notre entendement, et qui constitue l'une des bases essentielles de notre connaissance, surpasse toutes les données des perceptions sensibles, et c'est elle qui imprime à ces perceptions et à leurs représentations le caractère de concepts compréhensibles pouvant être saisis par notre pensée. Ainsi dans l'acte primitif de notre intelligence, dans la transformation des perceptions en représentations et en concepts, nous retrouvons cette idée supérieure d'Unité, expression d'une intuition intelligible, sans laquelle les phénomènes matériels affecteraient notre sensibilité, mais ne pourraient parvenir à notre connaissance.

Il répugnait au système de Kant de reconnaître l'intuition intelligible, et dès lors il n'a pas hésité à attribuer l'action unitive, élément de toute combinaison synthétique, à une faculté secondaire, considérée par lui comme opérant d'une manière aveugle.

II. — Nous avons vu que Kant avait attribué à l'Imagination, de la manière la plus générale, toute union synthétique quelconque, mais quelques lignes plus bas, et par une flagrante contradiction, nous le voyons attribuer à l'entendement cette action unitive, quand il s'agit de montrer comment nos représentations figuratives se transforment en concepts au moyen des catégories. Nous le verrons bientôt essayer, dans son exposition du *schématisme*, d'établir une liaison entre ces représentations et les concepts qui leur correspondent.

Nous retrouvons encore dans cette transformation de nos représentations en concepts cette idée supersensible d'Unité, à laquelle Kant tente en vain d'échapper par tous les efforts de la dialectique, et qui se retrouve dans toutes les opérations de notre entendement. On voit ainsi que dans la *Critique de la Raison pure* nos fonctions mentales n'ont point été l'objet d'une analyse psychologique fondée sur leur observation directe, et qu'on n'y trouve à cet égard que des discussions dialectiques procédant de principes arbitrairement posés, et aboutissant à des conséquences qui contredisent les plus évidentes vérités.

III. — Dans cette discussion Kant renonce à attribuer à l'imagination le pouvoir exclusif de produire l'unification synthétique, et il la défère à l'entendement (Anal. transcend., section II, § 15).

La manière dont Kant cherche à établir l'assomption par la conscience des concepts de l'entendement, est tout à fait inattendue, car elle est absolument opposée aux principes de sa doctrine.

Citons ce curieux passage (*ibid.*, § 16).

» Le *je pense* doit pouvoir accompagner toutes mes repré-
» sentations, car autrement il y aurait en moi quelque chose
» de *représenté* qui ne pourrait pas être *pensé*, ce qui revient
» à dire que la représentation serait impossible, ou qu'elle ne
» serait rien pour moi. La représentation, qui peut être
» donnée antérieurement à toute pensée, s'appelle *intuition*.
» Toute diversité de l'intuition a donc un rapport nécessaire
» au *je pense* dans le même sujet où elle se rencontre. Mais
» cette REPRÉSENTATION *je pense* est un acte de la *spontanéité*,
» c'est-à-dire qu'on ne saurait la regarder comme dépendant
» de la *sensibilité*. Je la nomme *aperception pure* pour la
» distinguer de l'*aperception empirique*, ou encore *apercep-*
» *tion originaire*. »

Ce passage est important, et mérite qu'on s'y arrête.

Remarquons d'abord cette proposition, *je pense*, qui vient s'introduire tout à coup dans la discussion sans que rien la prépare, sans qu'elle se lie à aucun terme de l'argumentation, à la façon de ce Dieu dont la présence vient défaire inopinément le nœud d'une composition dramatique.

Cette apparition inattendue d'un *moi* substantiel dans une doctrine qui n'admet aucune réalité en dehors de l'intuition sensible, nous offre la plus grave des contradictions dans l'exposition de la doctrine de notre philosophe, où elles abondent d'ailleurs, et où les mêmes dénominations prennent tour à tour les significations les plus diverses. Voilà donc Kant invoquant la célèbre proposition cartésienne (qu'il combattra plus tard à outrance), et ne se bornant pas à énoncer un *moi* substantiel, mais y joignant, comme son illustre devancier, son inséparable attribut, l'exercice de la pensée. Que de termes divers, dans les quelques lignes qui précèdent, pour exprimer cette proposition ! C'est d'abord une *intuition*, puis une *représentation*, puis encore *un acte de la spontanéité*, une *aperception pure*, et enfin une *aperception originaire*. Remarquons que la proposition *je pense* énonce un acte du *moi* substantiel, l'exercice de la pensée, et que l'expression de cet acte par la forme verbale *je pense* contient deux notions distinctes : l'affirmation d'un *sujet*, du *moi*, puis l'attribution à ce sujet d'un prédicat considéré comme en étant l'inséparable attribut. Or, comment une proposition complexe résultant d'un jugement, pouvait-elle être appelée *intuition*, ou *représentation*, termes qui se rapportent à un acte simple de notre puissance intuitive ? Insistons aussi sur le rôle assigné par Kant à la *spontanéité* (faculté qui n'apparaît qu'à cette occasion, pour ne plus se laisser voir dans les développements ultérieurs de sa doctrine), à laquelle il attribue la perception directe d'une intuition, représentation, ou aperception, qui ne dérive aucunement de la sensibilité, qui finit par être appelée par Kant *aperception pure* pour la distinguer nettement de l'*aperception empirique*.

Ainsi pour rattacher à notre conscience les actes de notre entendement, Kant a été forcé d'admettre une intuition autre que l'intuition sensible, à savoir une véritable intuition intelligible, et c'est d'elle qu'il fait dériver la notion d'une *substance personnelle*, notion qui dépasse infiniment la sensibilité. Voilà donc explicitement reconnue cette intuition spirituelle si obstinément repoussée ; mais l'embarras de notre philosophe, en face d'une si flagrante contradiction, se trahit dans le langage si peu précis dont il s'est servi à cette occasion, dans cette dénomination si vague de *spontanéité* qu'il oppose à la *sensibilité*, et dans la confusion des termes multiples employés par lui pour exprimer cet acte intuitif qui diffère essentiellement de l'intuition matérielle.

Mais cette reconnaissance d'une intuition supérieure, arrachée à Kant par l'impossibilité de parvenir autrement à établir ce fait, pourtant si évident, de l'assomption de nos pensées par la conscience, cette reconnaissance, disons-nous, est dans sa doctrine un incident isolé qui ne se rattache en aucune façon à l'ensemble de son système. Nous verrons bientôt notre philosophe rejetant de nouveau l'intuition supérieure, employer toutes les ressources de la dialectique pour repousser les principes substantiels sous quelque forme qu'ils se produisent, et pour nier jusqu'à cette Personnalité humaine qu'il vient de s'efforcer d'établir. Nous ne le rencontrerons plus désormais dans cette voie où il s'est avancé d'un pas incertain, et qui, s'il l'eût poursuivie, l'eût conduit à établir sa doctrine sur des bases plus solides.

IV. — Pour donner une réalité objective aux concepts d'un entendement qu'il a représenté comme fonctionnant par lui-même, et s'exerçant sur une matière fournie par une intuition soumise également à des formes ordinatrices subjectives, Kant a imaginé de distinguer dans la conscience un sens intérieur *subjectif* et une faculté *objective* d'aperception. Mais il n'a fait reposer cette distinction sur aucune raison valable, car une dénomination arbitraire ne suffit pas à établir une correspondance nécessaire entre une aperception intérieure et une réalité objective extérieure. Le sentiment de cette correspondance parvient à notre sens intime au moyen d'un acte intuitif d'ordre supérieur, qui diffère radicalement de toutes les données de l'intuition sensible, et Kant ne reconnaissant que la seule intuition sensible, il lui a été impossible de saisir la réalité objective ; il lui a donc fallu demeurer dans un infranchissable subjectivisme, dont nous verrons se développer successivement les conséquences.

§ 6

Comme on a déjà pu le voir dans les pages qui précèdent, la doctrine de Kant offre un caractère tout spécial ; elle est essentiellement abstractive et logique. Nous essayerons de déterminer ce caractère et d'en montrer le principe et les conséquences.

Nos concepts nous représentent d'une manière partielle (comme nous le verrons bientôt) des choses qui dans leur réalité réunissent aux éléments qui constituent leur vie particulière, ceux qui les rattachent à la vie commune. Notre esprit s'égare lorsqu'il attribue à ces concepts la puissance de représenter la réalité tout entière, tandis qu'ils ne nous en fournissent qu'une partie, et une partie dépourvue de l'élément vital qui la constitue, car elle comprend seulement les caractères les plus saillants des objets de notre considération. Ces concepts, essentiellement insuffisants, se présentent cependant à notre pensée sous une forme déterminée et précise, sans que rien y dénote l'imperfection radicale de leur construction. Dès lors l'emploi de la méthode déductive qui, partant de concepts si incomplets, veut tirer de leur rapprochement des moyens de démonstration, et en dégager de rigoureuses conséquences, cet emploi, disons-nous, et les procédés qui s'y rapportent, sont inapplicables à la recherche des vérités scientifiques et philosophiques, et l'on ne peut arriver par eux qu'à des résultats complétement erronés. Une pareille méthode ne s'applique rationnellement qu'à des sujets simples, dont le concept embrasse tous les éléments qu'il représente, et conséquemment elle n'est valable que pour les démonstrations mathématiques.

Notre philosophe, méconnaissant ces principes que Vico, dont il connaissait les admirables travaux, avait établis avec évidence, a appliqué la dialectique à des sujets où il était illégitime de l'employer, et c'est là qu'il faut rechercher le vice fondamental de sa doctrine. Les concepts remplacent complétement pour lui les réalités auxquelles ils se rapportent, et il ne les considère pas comme de simples notions compréhensives propres à faciliter l'exercice de notre intelligence.

La doctrine de Kant doit donc être considérée comme un subjectivisme logique. Aussi quand il a cherché à établir une réalité objective, tout comme quand il s'est fondé sur le « *je pense* » pour faire saisir par la conscience les conceptions de l'entendement, il ne s'est agi pour lui que d'une réalité et d'un *Moi* nominaux et logiques, conçus indépendamment de toute existence, et de tout rapport originel et causal.

Au passage de *la Critique de la Raison pure* cité par nous tout à l'heure, succède presque immédiatement (au § 26 de la même section de l'*Analytique transcendantale*) celui que nous allons transcrire :

« Les catégories sont des concepts qui prescrivent à priori
» des lois aux phénomènes, et par conséquent à la Nature
» considérée comme l'ensemble des phénomènes. »

On lit un peu plus loin que LA NATURE *se règle nécessairement sur ces catégories*. On y voit ensuite que « *la con-*
» *naissance* des choses en soi nous étant interdite... nous
» ne pouvons nous représenter que des phénomènes, dont
» les représentations ne sont soumises à d'autres lois d'u-
» nion qu'à celle que prescrit la faculté qui unit... Puisque
» toute perception possible dépend de la synthèse de l'ap-
» préhension, et que cette synthèse empirique elle-même
» dépend de la synthèse transcendantale, par conséquent,
» des catégories, toutes les perceptions possibles, par con-
» séquent aussi tout ce qui peut arriver à la conscience
» empirique, c'est-à-dire tous les phénomènes de la Na-
» ture, doivent être, quant à leur liaison, soumis aux ca-
» tégories, et la Nature dépend de ces catégories, comme
» du fondement originaire de sa conformité nécessaire à
» des lois. »

Ce monstrueux paradoxe, qui enlève à la puissance créatrice la détermination des Lois de la Nature pour l'attribuer aux catégories de l'entendement humain, n'exprime, en dernière analyse, que la négation de la réalité objective, dernière conséquence de la doctrine de notre philosophe.

Kant interdit d'une manière absolue à notre entendement *la connaissance des choses en soi*. Il ne se borne pas à lui en refuser la conception discursive (ce qui serait très-légitime, et en tout conforme aux conditions de notre intelligence); il fait abstraction complète de tout principe permanent et substantiel dans les objets de notre intuition, et il repousse comme illusoires et chimériques les considérations qui dépassent la perception phénoménale ; ce qui implique, si l'on y réfléchit attentivement, la négation de toute réalité objective. Dès lors les phénomènes privés de tout support substantiel nous apparaissent dans un état complet de confusion et de désagrégation, et il n'y a pour eux d'autre liaison que celle imposée par la faculté qui les pense et les classe.

D'un autre côté, les formes coordinatrices (temps et espace), conditions nécessaires de notre intuition, ne se rattachent, selon Kant, à aucun élément originel et causal, et ne proviennent que de nous-mêmes. Ainsi nous percevons au moyen de formes ayant en nous leur principe; nous pensons nos représentations sans que rien y corresponde, nous coordonnons nos pensées d'après les catégories d'un entendement qui agit par sa seule énergie ; enfin nous ne retrouvons dans notre intelligence que le résultat du jeu spontané de nos propres forces, s'exerçant sans aucune impulsion supérieure. Dès lors toute existence extérieure s'évanouit, et notre entendement indépendant et isolé ne tire que de lui-même et ses fonctions, et les éléments de leur exercice. Mais toute vie s'est éteinte en même temps dans le monde de concepts et d'abstractions que s'est construit cet entendement solitaire.

En poursuivant l'examen approfondi du sytème dè notre auteur, nous viendrons confirmer, à ce que nous pensons, cette appréciation de l'esprit qui y préside, appréciation que nous croyons être d'une rigoureuse exactitude.

CHAPITRE IV

DES SCHÈMES DE L'ENTENDEMENT

§ 1

Kant passe de l'exposition des catégories à celle du *schématisme* de l'entendement, (de σχῆμα, figure, image). Cette exposition est fort obscure, les termes en sont peu précis, et c'est à grand'peine que l'on peut suivre la pensée de notre auteur au milieu des détours de ses raisonnements.

Il commence par établir que les concepts de l'entendement ont besoin d'un lien qui les unisse aux perceptions de la sensibilité, et que les catégories, pour pouvoir s'appliquer aux intuitions sensibles, dont la nature est si différente, doivent être réunies à ces intuitions par un élément intermédiaire qui leur soit réciproquement homogène. C'est la notion de *temps* qui offre, selon notre philosophe, cet élément commun aux deux termes, et qui en établit le rapport. Le *temps*, dit-il, étant une notion à priori est homogène aux catégories, et il est également homogène aux intuitions sensibles, parce qu'il est une des formes générales de la sensibilité. Les catégories rendues sensibles en vertu de la notion du temps sont des *schèmes*.

Kant n'a pas expliqué dans sa laborieuse discussion comment la notion du *temps*, se joignant à un concept pur de l'entendement, vient rendre ce concept figurable, et en quelque sorte sensible. Cette notion de *temps*, qui s'applique à l'exercice de toutes les fonctions intérieures et extérieures de notre activité, est tellement générale, qu'elle ne peut être conçue comme constituant ce lien spécial que Kant a cherché à établir; il n'explique d'ailleurs en aucune façon la manière dont s'exerce l'action par laquelle l'entendement saisit et transforme nos perceptions sensibles, en remplissant une fonction spéciale, analogue à celle des autres fonctions de notre organisme mental. Kant a donc cherché à établir d'une façon quelconque une liaison logique entre les intuitions et les catégories; il ne s'est aucunement préoccupé des conditions réelles d'une pareille liaison.

Il y avait lieu de montrer comment notre entendement, affecté d'une manière *passive* par les perceptions phénoménales, vient à exercer une fonction *active* quand il transforme ces perceptions en *représentations* synthétiques, et en ces concepts intelligibles qui deviennent la matière de la classification catégorique.

On pourrait admettre que l'*imagination* (considérée comme la faculté *représentative*) intervienne dans la production de cet acte synthétique qui recueille les données de l'intuition, et en forme une *représentation* collective, et en quelque sorte figurable; la dénomination de *schèmes* pourrait, en conséquence, être appliquée aux représentations qui, considérées comme figuratives, offriraient ainsi un terme intermédiaire entre les perceptions sensibles et les concepts catégoriques. Mais on ne voit pas comment la notion de *temps* s'appliquerait d'une manière plus spéciale que celle d'*espace*, ou de *mouvement* à la transformation des intuitions en concepts, car, d'une part, toute figuration, quelque abstraite qu'on la suppose, est toujours rangée par la pensée dans un ordre quelconque, parfaitement analogue à l'Ordre où se viennent placer nos perceptions intuitives (*espace*), et de l'autre, elle est conçue comme devant produire une série de *mouvements*, résultat nécessaire d'un exercice quelconque de notre activité.

Il est surtout impossible de considérer le *temps* (qui n'est qu'une *forme* de l'intuition) comme l'élément efficient de l'exercice d'une fonction réelle; cet exercice ne peut appartenir qu'au principe substantiel, au *Moi*, qui opère par son énergie tous les actes qui se rapportent à son existence, et où se lient et se correspondent toutes ses fonctions diverses. Mais Kant n'a jamais considéré nos facultés dans leur rapport vital; il ne s'est point préoccupé des choses en elles-mêmes, et dans leur réalité, mais uniquement des concepts abstraits auxquels elles correspondent.

Sa théorie du schématisme nous paraît donc inadmissible, l'obscurité de son langage a pu seule déguiser le vide de son exposition et l'inconsistance de ses arguments.

§ 2

La transformation de nos perceptions sensibles en aperceptions, en représentations et en concepts, ne s'opère que grâce à l'introduction d'éléments complétement étrangers à l'intuition phénoménale, et qui dérivent d'une intuition supersensible. Indépendamment des déterminations catégoriques où se manifestent des principes d'un ordre supérieur, la constitution intrinsèque des concepts est particulièrement caractérisée par l'*Unité* et la *Fixité* qui y sont inhérentes, et que l'on chercherait en vain dans nos perceptions sensibles.

L'action des éléments intelligibles sur nos perceptions phénoménales apparaît tout particulièrement dans la manière dont notre esprit assume, sous un même concept, tout un ensemble de mouvements excités ou subis par un *sujet* quelconque. Rien de plus remarquable, si l'on y veut réfléchir, que la formation de ces prédicats d'action qui s'expriment par les formes verbales. Si l'on se rend compte des éléments intellectuels exprimés dans les diverses flexions de ces *verbes*, qui remplissent dans le langage une fonction si importante, on reconnaîtra que nul acte de notre pensée ne modifie plus profondément les perceptions sensibles, et ne montre mieux combien est grande la transformation spirituelle par laquelle on arrive à exprimer, sous une forme précise et par un concept général et absolu, toute une série de mouvements successifs. L'intervention d'une idée supérieure devient surtout évidente dans l'attribution que l'on fait du prédicat, qui résume tous ces mouvements, à un *sujet*, c'est-à-dire à un Être conçu en lui-même, et dans son essence immuable et constitutive.

Signalons également la manière dont notre pensée saisit, sous une forme générale et fixe, les perceptions qui sont la source de nos attributions qualificatives.

Les modifications successives de notre sensibilité nous révèlent qu'une chose est *pesante, douce, dure, blanche*, etc., mais pour obtenir une appréciation véritable de ces modifications, il nous faut concevoir au préalable une forme typique et absolue de *pesanteur, douceur, dureté, blancheur*, etc. Or, cette notion générale et précise de la *qualité*, conçue sous cette forme typique, dépasse toutes les données de la sensibilité, et témoigne d'une source d'intuition autre que celle qui nous révèle les phénomènes sensibles.

Ce n'est pas donner une explication suffisante de cet acte si remarquable de notre esprit, que de dire, avec Aristote, que notre pensée saisit certains caractères communs des phénomènes, et que, par l'exclusion des autres éléments de ces phénomènes, par l'abstraction, elle en forme un concept commun ; puis, que répétant progressivement, à l'égard de ces concepts, la même opération abstractive, elle s'élève par degrés à construire des concepts de plus en plus généraux. Cette collection progressivement restrictive d'éléments semblables ne donne pas par elle-même tout le contenu de ce concept commun ; une pareille conception implique la présence d'éléments d'une tout autre nature, d'une idée de *communauté* exprimant une manière d'être identique, et de la conception d'un *type absolu* de la qualité exprimée, auquel on rapporte et à qui l'on compare les perceptions dont on a recueilli le caractère commun. Or, cette idée de *communauté* et cette *forme typique*, si étrangères à l'intuition sensible, ne peuvent nous venir que d'une intuition immatérielle et intelligible. Pour apprécier l'importance de cette distinction, il est utile de se rappeler Platon, et l'admirable discussion sur les idées abstraites que l'on trouve dans le *Phédon*.

§ 3

Nous avons dit plus haut que *toute figuration, quelque abstraite qu'on la conçoive, est toujours rangée par la pensée dans un ordre quelconque*. Nous ne croyons pas inutile d'entrer à cet égard dans quelques développements.

Nous opérons en effet à l'égard des manifestations de notre activité, une ordination parfaitement analogue à celle que nous imposons à nos représentations phénoménales, au moyen du concept ordonnateur d'*espace*. Cette ordination s'étend à toutes les combinaisons de notre pensée et à toutes nos imaginations, et elle est aussi subsistante et réelle que l'ordination matérielle réalisée par l'*espace*.

Nous avons montré dans un travail précédent (1), en développant un aperçu de Puffendorf, qu'une ordination semblable se produisait à l'égard de nos actes volontaires, et qu'il en résultait pour chacun de nous, par l'effet de notre libre volonté, une *condition* déterminée et spéciale, correspondant à l'ensemble de notre vie morale, et qui est à l'égard de chacun tout aussi réelle que le *lieu* occupé par lui dans l'espace matériel.

Cette action ordinative ne se bornerait donc pas aux objets de notre intuition sensible, elle s'exercerait également sur tous les objets perçus par notre esprit, sur ceux de l'intelligence comme sur ceux de la volonté, ce qui ferait ressortir, sous une forme qui n'a pas encore été remarquée, la prépondérance absolue des éléments spirituels qui président à l'expansion de notre personnalité.

Ce que nous avons dit à l'égard de l'action synthétique qu'exerce sur nos perceptions la faculté représentative, l'*Imagination*, exige aussi quelque développement.

Cette faculté remplit en effet dans notre vie intellectuelle une fonction très-considérable. Elle s'y montre toujours agissante, recueillant les perceptions dans toutes leurs transformations, excitant nos pensées, ranimant nos souvenirs, agitant notre conscience, et enfin donnant une réalité aux mouvements indistincts et vagues de nos sentiments

---

(1) Préface de notre traduction italienne du traité de J. B. Vico, *De antiquissima italorum sapientia*. Milan, 1870.

affectifs, par la forme déterminée et absolue qu'elle leur impose. On reconnaîtra, si l'on y veut réfléchir, que c'est la forme synthétique dont elle revêt ces mouvements, qui les fait parvenir à notre conscience, à laquelle ils échapperaient le plus souvent par leur ténuité et leur confusion; et que c'est cette forme qui leur donne la puissance exercée par eux sur notre volonté.

L'imagination puise à son gré, dans les deux Ordres de notre intuition, l'objet de ses représentations, et selon les images qu'elle y recueille, et qu'elle nous représente, elle peut abaisser ou élever notre intelligence, dépraver ou ennoblir notre volonté, lorsque notre raison cessant de la gouverner lui laisse exercer à son détriment une action prépondérante et directrice.

Le Tasse, profond philosophe autant que poëte sublime, reconnaît, dans son *Traité du poëme épique*, une imagination *intelligible*, qui s'exerce sur les choses divines, et illumine la représentation des phénomènes visibles par les reflets de la Vérité éternelle; il ajoute que Dante a dû avoir en vue cette forme de l'imagination, lorsqu'il a dit :

All'alta fantasia manca qui possa.

On peut conclure de ces aperçus qu'il y a dans la psychologie bien des champs encore inexplorés.

CHAPITRE V

DE L'ENTENDEMENT ET DE SON ACTION ÉLIMINATRICE

Si les concepts pensés par notre entendement sous une forme abstraite et générale ne reproduisent pas tout le contenu de nos aperceptions, celles-ci sont tout aussi loin de comprendre toutes les modifications de notre sensibilité, telles qu'elles résultent de notre perception intuitive. Nous avons eu occasion de rappeler dans un précédent travail les profondes réflexions que fait à cet égard le grand Leibnitz.

Il nous paraît opportun de les reproduire dans cette étude, où nous nous sommes proposé d'examiner spécialement les conditions et l'exercice de nos facultés mentales, pensant que cet examen serait incomplet, s'il ne s'appuyait sur une exacte appréciation des éléments primitifs de notre connaissance.

« Il y a mille marques, dit Leibnitz (*Nouveaux essais sur l'entendement humain, avant-propos*), « qui font juger qu'il
» y a à tout moment en nous une infinité de perceptions,
» mais sans aperception, et sans réflexion; c'est-à-dire des
» changements dans l'âme même, dont nous ne nous aper-
» cevons pas, parce que ces perceptions sont trop petites,
» ou en trop grand nombre, ou trop unies, en sorte qu'elles
» n'ont rien d'assez distinguant à part; mais jointes à
» d'autres, elles ne laissent pas de faire leur effet dans l'as-
» semblage, au moins confusément..... Pour juger encore
» mieux des petites perceptions, que nous ne saurions dis-

» tinguer dans la foule, j'ai coutume de me servir de l'exem-
» ple du mugissement ou du bruit de la mer, dont on est
» frappé quand on est sur le rivage. Pour entendre ce bruit,
» il faut bien entendre les parties qui composent ce tout,
» c'est-à-dire le bruit de chaque vague, quoique chacun de
» ces bruits ne se fasse connaître que dans l'assemblage
» confus de toutes les vagues ensemble, et qui ne se remar-
» querait pas, si cette vague qui le fait était seule. Car il
» faut qu'on soit affecté un peu par le mouvement de cette
» vague, et qu'on ait quelque perception de chacun de ces
» bruits, quelque petits qu'ils soient ; autrement on n'au-
» rait pas celle de cent mille vagues, puisque cent mille riens
» ne sauraient faire quelque chose..... En un mot, les *per-*
» *ceptions insensibles* sont d'un aussi grand usage, dans la
» pneumatique, que les corpuscules dans la physique ; et il
» est déraisonnable de rejeter les uns et les autres, sous
» prétexte qu'elles sont hors de la portée de nos sens.....
» Si on entendait que les choses dont on ne s'aperçoit pas
» ne sont point dans l'âme, ou dans le corps, on manque-
» rait en philosophie, comme en politique, en négligeant
» τὸ μικρὸν, les progrès insensibles ; au lieu qu'une abstrac-
» tion n'est pas une erreur, pourvu qu'on sache que ce
» qu'on dissimule y est. »

Il résulte de ces remarquables considérations, dont chacun peut vérifier en soi-même la vérité, que l'on commet une grave et dangereuse erreur, quand on apprécie la valeur de nos concepts et de nos jugements, sans tenir un compte suffisant des éliminations successives auxquelles ils ont donné lieu.

Les objets de notre intuition provoquent incessamment en nous un nombre indéfini de perceptions d'une extrême ténuité. Notre entendement saisit ces perceptions et les fixe par ses représentations sous une forme synthétique ; mais il n'en embrasse que les caractères les plus saillants, et en élimine une portion fort considérable. Les éléments ainsi éliminés n'en ont pas moins affecté notre conscience d'une manière réelle, en y laissant des traces profondes ; s'ils demeurent inaperçus, ils n'ont cependant rien perdu de leur réalité, et notre esprit peut les négliger, mais non pas les détruire.

Notre entendement opère une élimination analogue quand il transforme les représentations et les aperceptions en concepts fixes et absolus. Tout ce que ces représentations offrent d'indéterminable, tout ce qui les rattache à d'autres représentations, se trouve exclu de ces formes conceptives rigoureuses qui ne peuvent comprendre qu'une matière homogène.

Une épuration du même genre s'opère à l'égard de ces concepts, quand notre pensée les réunit pour énoncer des jugements plus ou moins généraux, et produire des formules ayant un caractère d'universalité.

Toutefois ces éléments que notre entendement a successivement éliminés en vertu des conditions nécessaires de son action discursive, s'ajoutent continuellement les uns aux autres, et viennent enfin frapper notre conscience d'une manière assez vive pour qu'il faille les accueillir. Les diverses expressions de notre activité, tant spéculative que pratique, en éprouvent une modification lente, mais continue, et c'est ce mouvement incessant qui est le principe générateur des progrès de notre connaissance et de notre moralité, ainsi que du développement de nos conditions sociales.

Si nous avons besoin des formules qui expriment la

généralité de nos connaissances, et qui déterminent les conditions de nos rapports sociaux, s'il est nécessaire et légitime d'accorder à ces expressions une grande autorité, il faut pourtant se garder d'exagérer, à cet égard, la portée de notre assentiment, en perdant de vue que la valeur de ces déterminations n'est point absolue, et qu'elle est seulement approximative. Selon les paroles du jurisconsulte Pomponius, rappelées avec tant d'à propos par notre maître Vico, ces formules précises conviennent ἐπὶ τὸ πλεῖςον, dans la pluralité des cas, mais non pas dans les circonstances qui se présentent ἐκ παραλόου, d'une manière extraordinaire et inopinée (*Dig.*, lib. I, tit. III, § 3).

Ces déterminations précises de notre entendement sont incomplètes en elles-mêmes, et par leurs conditions constitutives, et les symboles quelconques qui les expriment, théologiques, scientifiques, politiques, ou juridiques, quelque respectables qu'ils soient, n'ont dans leur essence qu'un caractère provisoire. On s'oppose donc aux expansions nécessaires de la conscience et au développement progressif de l'esprit humain, quand on considère ces symboles comme définitifs, et que l'on se persuade d'avoir atteint par eux un but infranchissable. Il y a toujours lieu d'appeler des décisions absolues et incomplètes qui émanent des opérations discursives de notre entendement, à cette puissance hégémonique où la connaissance s'allie avec le sentiment, à la Raison, conçue dans sa plus haute acception, et comme concentrant en elle les reflets de l'Éternelle Vérité.

D'ailleurs dans les faits les plus habituels de la vie commune, comme dans les questions les plus élevées, il y a toujours lieu de faire intervenir la *Prudence* et l'*Équité*, ces deux facultés auxquelles est commise la direction de notre vie pratique, pour apporter incessamment les atténuations et les corrections nécessaires, et tempérer ainsi l'inflexibilité des règles et des lois générales, auxquelles échappent ces cas compliqués et extraordinaires dont parle Pomponius.

C'est à cette fin, et en se fondant sur l'insuffisance intrinsèque des déterminations de notre entendement, que les bons esprits veulent restreindre l'action de l'autorité politique (quelles qu'en soient la forme et l'origine) aux rapports les plus simples et les plus généraux de la vie sociale, laissant aux cercles d'association plus étroits, et dont les relations deviennent en conséquence plus compliquées, la liberté de régler, selon leurs propres convenances, les intérêts communs aux Provinces, aux Communes, aux associations particulières et aux familles, sous la seule réserve d'obéir aux lois générales de la socialité humaine, ainsi que de ne porter aucune atteinte aux droits des sociétés plus étendues auxquelles se rattachent ces communautés restreintes.

Mais il est des âmes perverses et des esprits étroits qui, sourds aux plus légitimes revendications de la conscience humaine, veulent imposer à tout prix les conceptions arbitraires de leur pensée. Les uns, défenseurs inflexibles de systèmes arriérés, s'efforcent d'en maintenir obstinément les plus répugnantes applications; les autres, pleins d'une orgueilleuse confiance dans d'absurdes théories et dans les combinaisons farouches de l'esprit de secte, en poursuivent la réalisation dans leurs dernières conséquences, sans qu'aucun sentiment humain vienne les arrêter dans leur marche funeste. C'est à peine si les désastres qu'ils produisent et les ruines qu'ils accumulent les font parfois hésiter, et leur inspirent quelques doutes sur la valeur de leurs principes; mais revenus bientôt de leur trouble, ils poursuivent avec le même acharnement la poursuite de leurs plans insensés.

Malheur aux sociétés où s'est éteint le sentiment de la Réalité, pour ne laisser subsister que de vides et fallacieuses formules, et où les consciences oblitérées par un long asservissement sont fermées désormais à l'intuition de ces principes supérieurs et divins, qui sont l'aliment de la vie humaine! Les populations y suivent tour à tour de vains fantômes représentant des principes contraires, et sans convictions véritables, sans amour et sans haine, elles répandent des torrents de sang, pour obéir aveuglément à de théâtrales et frénétiques illusions. Elles ne peuvent espérer la fin de leurs maux inénarrables que dans le réveil des consciences endormies, et dans l'action régénératrice de ces principes immortels, cachés si longtemps à leurs yeux par une superstition aveugle et par un esprit de révolte insensé, produits l'un et l'autre par la substitution des combinaisons artificielles de l'esprit aux révélations de la Raison et de la conscience.

Kant a méconnu la nécessité d'opposer des réserves à ces déterminations de l'entendement, et n'a tenu aucun compte des remarques si importantes de Leibnitz sur les conditions originelles de nos aperceptions. L'entendement, privé de toute intuition intelligible, a été investi par lui d'une autorité souveraine; il l'a reconnu comme le législateur absolu, non-seulement de toute la croyance humaine, mais même de toutes les manifestations physiques de la puissance divine. Il était donc opportun de ramener à ses justes limites l'autorité de cet entendement, si dangereuse quand elle n'est pas dominée par une faculté plus haute, plus humaine et plus compréhensive.

CHAPITRE VI

DU PRINCIPE DE CONTINUITÉ ET DE LA POSSIBILITÉ DE L'EXPÉRIENCE

§ 1

Pendant que Leibnitz démontre le principe de continuité (*in natura non datur saltus*) en s'appuyant principalement sur l'imperceptible ténuité de nos perceptions, Kant fonde ce principe sur la division, en un nombre indéfini de parties, du *temps* pendant lequel s'accomplit le changement d'un phénomène, qui pour réaliser son changement doit parcourir en totalité tous les moments infiniment petits d'une durée quelconque. Mais cette démonstration, tout admissible qu'elle soit en elle-même, est cependant incomplète, en ce qu'elle ne s'applique qu'à une des formes de notre intuition, à celle qui se rapporte plus spécialement à l'action subjective de nos facultés mentales, et qu'elle ne s'étend pas d'ailleurs à son objet extérieur, considéré en lui-même. D'une part, la démonstration de Kant devrait embrasser, selon nous, toutes les formes de l'intuition sensible, car l'*espace* et le *mouvement* se divisent tout comme le *temps* en un nombre indéfini de parties adhérentes, devant toutes être successivement affectées par un changement quelconque du phénomène perçu. D'autre part, il y a lieu de reconnaître que les modifications successives de notre intuition ne se produisent en nous que parce qu'elles correspondent avec l'état de l'objet extérieur qui les détermine.

Leibnitz ne s'est pas borné à dire que les changements de

la nature étaient *perçus* par nous d'une manière continue; admettant l'intime correspondance de nos modifications intérieures avec la Réalité objective, il a émis cette proposition : *In* NATURA *non datur saltus*, et c'est en vertu de la correspondance de notre intuition avec la réalité, que la loi de *continuité* s'applique à l'ensemble des conditions de notre intuition, et qu'elle doit être considérée comme inséparablement liée à toutes les formes de notre faculté intuitive.

Remarquons que Kant a présenté les substances elles-mêmes comme soumises, aussi bien que les phénomènes, à ce changement qui s'accomplit dans un temps donné, d'une manière graduelle et continue, et, par un inconcevable abus de langage, tout en disant que le changement est une manière d'exister succédant à une autre manière, il en vient à dire que le *permanent* seul est changé, mais que le *muable* ne subit aucun changement. On ne comprendrait en aucune façon un pareil renversement de la signification des mots et de la détermination des idées qui y correspondent, si l'on ne se rappelait que notre philosophe n'a considéré la divisibilité indéfinie des phénomènes que par rapport au sujet qui les perçoit. Mais il est évident qu'il s'écarte des données de toute bonne Métaphysique, en ne considérant pas la *substance* comme un *quid* demeurant immuable et permanent, au milieu des développements successifs des phénomènes par lesquels il se manifeste.

Nous verrons d'ailleurs bientôt que l'idée de *substance* n'a pour Kant qu'une valeur purement nominale, que ce n'est pour lui qu'une attribution logique, et que tout en opposant la substance aux phénomènes, il lui enlève, au moyen d'une distinction incompréhensible, cet attribut de *permanence* qui en est le caractère essentiel.

§ 2

Après avoir proposé le *schématisme* comme le moyen par lequel s'opère une liaison naturelle entre les catégories de l'entendement et les perceptions de la sensibilité, Kant s'est efforcé d'établir la *possibilité de l'expérience* et de la connaissance des phénomènes, c'est-à-dire de prouver la légitimité de la coordination, en une unité synthétique, de la variété des éléments fournis par la perception sensible, et d'arriver ainsi à la connaissance des lois de la nature. Il introduit à cet effet dans son argumentation, outre le *principe de continuité*, ceux de *concordance* (principe de non-contradiction), de *causalité*, de *réalité*, de *substance*, de *permanence*, de *raison suffisante* (reconnaissance d'un ordre invariable et suprême dans toute la série des causes et des effets), de *force* (avec les idées d'*action* et de *passion* qui en dérivent), etc., etc. Mais ces principes dont il invoque le secours deviennent dans ses mains de simples entités logiques et nominales. Dans l'existence éphémère qu'il leur accorde (car il ne tardera pas à leur dénier toute valeur), il les considère comme de pures fonctions de l'entendement, au lieu de faire remonter ces principes, bases de notre connaissance, à la réalité supersensible dont ils émanent.

Dans cette longue et diffuse argumentation, Kant use de toutes les ressources de la dialectique pour prouver la possibilité de l'expérience ; mais sa pensée y demeure toujours enveloppée de ténèbres impénétrables. On a beaucoup reproché à ce grand esprit l'obscurité habituelle de son exposition. Une semblable obscurité doit se trouver partout où l'on substitue les déductions de la logique à l'exposition méthodique de la réalité ; où l'on entreprend d'établir entre les manifestations de nos facultés une liaison extérieure et artificielle, au lieu de les rapporter à leur source réelle, à l'Unité substantielle de notre âme. C'est de cette Unité qu'émanent, comme d'un tronc commun, nos diverses facultés, qui correspondent entre elles, comme elles correspondent aux réalités du monde extérieur auxquelles notre intelligence est incessamment liée, en vertu de la parfaite concordance des lois qui régissent à la fois et les développements de la conscience humaine, et les manifestations du monde extérieur.

Les principes métaphysiques que nous révèle notre intuition intelligible sont les voies qui nous ouvrent l'accès à la connaissance de nous-mêmes, et à celle de la Nature. Il n'est donné à aucune intelligence humaine de se rendre raison du moindre phénomène, sans subordonner ses conceptions aux principes suprêmes qui règlent notre entendement et gouvernent notre volonté, et auxquels, malgré tous les sophismes philosophiques et tous les égarements des passions subversives, adhère instinctivement le sens commun de l'humanité.

§ 3

Il n'est pas sans intérêt de rappeler les arguments employés par Kant pour réfuter l'Idéalisme. Partant de ce que nous avons la conscience de notre existence, comme déterminée *dans le temps*, et de ce que, dit-il, toute détermination suppose dans la perception quelque chose de *permanent*, de *distinct placé en dehors de nos représentations*, il en conclut que la détermination de notre existence *dans le temps* n'est possible que par l'existence de choses réelles perçues hors de nous, et il cherche à établir, par une série d'arguments, que l'expérience *intérieure* n'est rendue possible que par l'expérience *extérieure*.

Il serait oiseux de répéter cette série d'arguments intermédiaires qui ne sont pas susceptibles d'analyse, et qui, si on les reproduisait dans toute leur étendue, ne seraient d'aucune utilité pour notre discussion. Nous nous efforcerons cependant de ramener la déduction de Kant à des termes précis et aisément saisissables, sans affaiblir le moins du monde son argumentation.

C'est *dans le temps*, et conséquemment d'une manière successive, que nous avons une conscience *déterminée* de notre existence, car toute détermination se fait *dans un temps*, et conséquemment d'une manière successive. Toute succession se lie à un état *permanent* et en dépend ; de ce temps successif pendant lequel a été déterminée la conscience de notre existence intérieure, on passe donc nécessairement à quelque chose de *permanent* qui nous est extérieur, et c'est ainsi que se comble l'abîme qui sépare le *moi* du *non-moi*. La conscience de *nos phénomènes intérieurs* nous fait donc parvenir à celle des *phénomènes extérieurs* ; or c'est la raison synthétique de ces phénomènes et leur permanence, qui constituent l'expérience extérieure, et c'est d'elle que dépend l'expérience intérieure, puisque c'est en elle, et en dehors de nous, que nous trouvons la *permanence*, qui est un des principes constitutifs de toute expérience. C'est donc l'existence du monde extérieur qui confirme et consolide en nous le sentiment de notre propre existence.

Nous croyons avoir exactement résumé l'argumentation

de Kant, et l'avoir soumise à une forme précise et rigoureuse, mais on ne peut se défendre de s'étonner en voyant l'extrême ténuité du fil auquel Kant rattache la preuve de ces deux faits qui apparaissent avec tant d'évidence au sens commun, à savoir le sentiment de notre existence, et celui de la réalité du monde extérieur.

Il est, à notre sens, facile de se convaincre que cette discussion est loin de réfuter les objections de l'*Idéalisme*, qui peut être considéré à bon droit comme la conséquence nécessaire des principes de la philosophie critique.

En effet, ce principe de *permanence*, qui est la base de cette démonstration, qu'est-il, dans la doctrine de Kant, si ce n'est une simple catégorie de l'entendement, une condition subjective de son exercice? Sur quoi repose notre intuition elle-même quand les conditions formelles qui la déterminent *à priori*, ont été également posées par lui comme subjectives, et ne se rattachant en aucune façon à une *Réalité* extérieure? Quelle valeur objective peut nous offrir l'*expérience* telle qu'il la conçoit, puisqu'elle résulte de l'union synthétique et permanente des phénomènes, et que cette synthèse et cette permanence ne sont données, selon lui, que par les catégories de notre entendement, qui sont essentiellement subjectives, ou plutôt qui ne sont pour lui que des notions logiques?

Que si l'on considère, tout au contraire, les formes de notre intuition sensible, l'*espace*, le *temps*, le *mouvement*, comme une déduction (appropriée aux conditions de notre intelligence) des idées d'*Infini*, d'*Éternité* et de *Force* suprême et absolue; si on les rapporte, comme l'a fait Leibnitz, au Dieu vivant qui en est la source, nous nous trouvons dès les premiers pas sur un terrain solide, car nous rapportons nos facultés subjectives et leurs perceptions à un objet extérieur, dont la Réalité nous est attestée par notre conscience avec une entière et incomparable évidence. De plus nous nous sentons soutenus dans cette irrésistible conviction par le sentiment général de l'humanité, dont nous venons confirmer les croyances, au lieu de les contredire, ou de ne paraître y adhérer que par de vaines et inconsistantes formules.

La notion de *permanence* offre à notre esprit quelque chose de positif et de réel, quand nous la considérons comme l'expression de l'immutabilité des décrets de la Providence divine; mais elle n'est pour Kant que l'opposition logique du terme de *succession;* aussi le voyons-nous l'attribuer, par une incompréhensible confusion, tantôt aux substances, tantôt aux phénomènes, envisageant les uns et les autres comme fixes ou comme muables, selon les besoins de son argumentation.

L'*expérience* est valablement invoquée quand on conçoit la série des phénomènes comme soumise à des lois stables et efficaces, correspondant à un Ordre universel émané de la Providence divine. Elle a une incontestable valeur, quand on la fonde sur les principes supérieurs de *concordance*, de *causalité*, d'*ordre*, etc., quand on reconnaît que nos perceptions correspondent nécessairement avec les objets extérieurs qui les déterminent, et que les lois qui régissent notre entendement s'accordent avec celles qui gouvernent la nature.

L'*unité* de notre Être, centre unique de nos mouvements actifs et passifs, nous est attestée par un sentiment intime, dont rien ne peut égaler l'évidence, par ce Verbe divin qui retentit en nous, dont la vérité nous éclaire, et par lequel nous sommes en une communion intellectuelle et morale avec tous les Êtres rationnels. Kant s'est vainement efforcé d'établir cette conception d'un *Moi, un* et *personnel*, parce qu'il a entrepris de le démontrer par des procédés logiques, fondés sur la liaison extérieure des facultés par lesquelles se manifeste notre personnalité, et non pas sur leur correspondance intime, résultant de leur dépendance d'un centre commun.

Mais, comme nous l'avons vu, Kant n'avait admis ces principes que nominalement, et dans le seul intérêt d'une discussion spéciale. Aussi n'a-t-il pu invoquer leur autorité pour combattre l'idéalisme et le scepticisme, malgré la radicale inconsistance de ces systèmes.

§ 4

La réfutation de l'Idéalisme entreprise par Kant fournit, à notre sens, un précieux enseignement. Elle nous conduit à apprécier le caractère spécial de deux méthodes philosophiques fort diverses, et qui conduisent à des résultats tout opposés.

Lorsqu'on se propose d'étudier les facultés humaines dans leurs manifestations individuelles et sociales, dans le langage, dans la législation, et dans les institutions politiques et religieuses (selon la méthode indiquée par Vico, fondateur de la véritable philosophie positive), on cherche à dégager de ces diverses manifestations leurs caractères généraux et leurs principes générateurs, ainsi qu'à y introduire un ordre méthodique. Dans une pareille voie nos raisonnements trouvent à chaque pas des points de comparaison et de contrôle qui offrent d'abondants moyens de redressement et de correction. Le philosophe possède ainsi un fil conducteur qui le guide dans sa marche, une lumière qui en montre le but, et il peut poursuivre sûrement sa route, sans crainte d'en dévier. Mais il n'en est pas ainsi de ces *intellectualistes* (comme les appelle Bacon) qui se fondent sur les conceptions arbitraires de leur esprit, et en suivent imperturbablement les déductions, sans se préoccuper du point où elles les conduisent. Confiants dans leurs orgueilleuses déterminations, chaque pas les éloigne davantage de la réalité, et parvenus au terme de leur route, une distance immense les sépare de ces κοιναὶ ἔννοιαι, de ces croyances communes, expression des conditions fondamentales imposées par la Providence au développement progressif de l'humanité.

Mais poursuivons le laborieux examen de la *Critique de la Raison pure*.

Kant a fait de nombreux efforts pour prouver l'objectivité de nos perceptions et de nos aperceptions, et il a cherché à établir cette objectivité par une série de raisonnements fort compliqués. Il donne deux exemples pour distinguer la *succession subjective* de l'appréhension, de la *succession objective* des phénomènes, et ces exemples montrent combien est étroit le terrain où il place sa discussion, et combien était grande pour lui la difficulté de donner à nos *appréhensions* ou *aperceptions*, un caractère objectif, bien que le sens commun le plus vulgaire n'hésite jamais à reconnaître cette objectivité.

Citons les propres paroles de notre philosophe : « Nous » n'avons affaire », dit-il, « qu'avec nos représentations.....
» L'appréhension de la diversité dans le phénomène d'une
» maison en face de nous est successive. Or la question est

» de savoir si le divers de cette maison est aussi successif en
» soi ; ce que personne assurément n'accordera..... Je vois
» un bateau se diriger suivant le cours d'un fleuve ; ma
» perception de l'endroit qu'il occupe plus bas succède à la
» perception de l'endroit du cours du fleuve qu'il occupait
» plus haut ; et il est même impossible que dans l'appré-
» hension de ce phénomène, le bateau puisse être observé
» d'abord plus bas, ensuite plus haut. L'ordre successif des
» perceptions dans l'appréhension est donc ainsi déterminé,
» et cette appréhension est liée à l'ordre des perceptions.
» Dans l'exemple précédent de la maison, mes perceptions
» pouvaient commencer, dans l'appréhension, par le faîte,
» et finir par le fondement, mais elles pouvaient aussi com-
» mencer par le bas, et finir par le haut..... Il n'y avait donc
» dans la série de ces perceptions aucun ordre déterminé, qui
» me forçât à commencer par ici ou par là pour lier empi-
» riquement les éléments divers de mon appréhension.
» Mais cette règle ne saurait manquer dans la perception
» *de ce qui arrive*, et elle rend nécessaire l'ordre des per-
» ceptions successives..... Je dériverai donc, dans le cas
» qui nous occupe, la succession *subjective* de l'appréhen-
» sion, de la succession *objective* des phénomènes. »

Ce n'est donc que par la considération des objets doués de mobilité que Kant établit la réalité de la correspondance de nos perceptions internes avec quelque chose d'extérieur qui les provoque, car c'est à la succession des mouvements de l'objet extérieur qu'il attribue la détermination de l'ordre dans lequel se produit la succession de nos perceptions ; cette succession vient ainsi à dépendre d'une chose extérieure, dont la réalité se trouverait de cette façon clairement établie. Mais, si l'on examine soigneusement les deux exemples allégués par Kant, on n'y trouvera pas, à ce qu'il nous semble, une assez grande différence pour accorder deux choses aussi dissemblables que le sont une perception donnée par l'intuition réelle d'un objet extérieur, et une perception vide de réalité, résultant du simple jeu de nos facultés internes.

Remarquons, d'abord, que l'ordre suivi par nous dans la perception successive des éléments d'une chose qui paraît immobile est loin d'être tout à fait arbitraire. Tout objet perçu offre toujours quelque chose de particulièrement remarquable, qui dirige notre attention dans un sens ou dans l'autre, bien que nous ne nous rendions pas compte des motifs de cette détermination. On ne contestera pas ce fait, pour peu que l'on essaye d'analyser les éléments de nos volitions, lesquelles sont incessamment influencées par des sentiments indéterminés, agissant en nous très-réellement, bien qu'ils soient insaisissables à l'esprit, et que nous n'en ayons pas conscience d'une manière précise. Cette influence sur nos volitions de sentiments indéterminables, qui n'ôte rien d'ailleurs à la liberté de nos délibérations, enlève à nos actes le caractère purement arbitraire qui leur est attribué par Kant dans l'exemple par lui cité. Peut-être y a-t-il lieu d'admettre également, que nos actes perceptifs se coordonnent naturellement dans un sens d'intime convenance, ce que l'on conçoit sans peine quand on se rappelle que toutes nos facultés rationnelles et mécaniques concourent simultanément aux manifestations de notre activité.

Passons au second exemple, à ce bateau porté par le courant d'un fleuve, dont Kant considère le mouvement comme suffisant à donner à l'appréhension un caractère objectif. Si ce bateau demeurait immobile, on ne pourrait donc établir, d'après Kant, qu'une réalité objective correspondît à la perception ; cette réalité ne résulterait conséquemment que du mouvement qui pousse ce bateau du haut en bas du fleuve; encore faut-il pour cela un mouvement qui ait un certain degré de rapidité, car s'il se mouvait très-lentement, sa marche demeurerait presque inaperçue, et il nous apparaîtrait immobile, tout comme la maison qui figure dans le premier exemple ; d'un autre côté, si ce mouvement s'effectuait avec une extrême rapidité, nos sens ne pourraient le saisir d'une manière assez nette pour qu'il donnât lieu à des perceptions déterminables. Ce n'est donc plus la succession des mouvements de l'objet perçu qui suffit à établir la réalité extérieure de l'objet de notre perception, il faut encore que cette succession se produise avec un degré moyen de rapidité, qui ne soit ni trop lent ni trop précipité. Il est presque puéril de présenter une semblable considération comme établissant une correspondance nécessaire entre les modifications d'un *moi* subjectif et les développements d'un *non-moi* objectif et réel. D'ailleurs Kant ne considère-t-il pas le mouvement comme une donnée purement empirique et sensible ? La succession des mouvements sur laquelle il se fonde n'est-elle pas perçue dans un *temps* donné, et le temps n'est-il pas pour lui une des formes de notre intuition, et conséquemment un des éléments subjectifs de notre connaissance ? Son argumentation ne repose donc évidemment sur aucune base solide, et sa doctrine demeure sans défense contre les attaques de l'idéalisme.

§ 5

Nous avons vu comment, pour lier en une unité synthétique la variété des perceptions sensibles, et rattacher cette conception synthétique à l'unité de la conscience, Kant avait compris parmi les formes catégoriques de notre entendement certains principes supérieurs pouvant opérer à ce titre la liaison de la variété sensible. Mais à peine a-t-il cru avoir établi cette unité, il s'est empressé de détruire l'échafaudage employé par lui à cette construction ; on le voit aussitôt dépouiller de toute réalité ces mêmes principes de *substance*, de *causalité*, et de *concordance*, etc..., qu'il avait invoqués, et il les conçoit désormais comme de simples concepts parfaitement négligeables dans l'exercice de la pensée.

Quelques-unes des propositions de Kant, que nous allons citer, confirmeront notre appréciation.

« Pour donner », dit-il, « dans l'intuition quelque chose de
» fixe, qui corresponde au concept de la *substance* (et pour
» démontrer ainsi la réalité objective de ce concept), nous
» avons besoin de l'intuition dans l'espace (de l'intuition de
» la matière) parce que l'*espace* comporte seul une détermi-
» nation *fixe*, tandis que le *temps*, et par conséquent tout ce
» qui est dans le sens intérieur, s'écoule sans cesse. »

Examinons dans ses détails cette proposition :

Il énonce que nous avons dans l'espace l'*intuition de la matière*. C'est donc à la matière elle-même, ou à son intuition, qu'il attribue le caractère de *fixité*. Mais la *matière* n'est-elle pas indéfiniment divisible, et ne la percevons-nous pas comme soumise à un changement incessant? Quant à l'*intuition*, elle se rapporte au *moi* qui en est le sujet, et se produit en nous successivement, de telle façon que les moments de cette intuition peuvent se diviser en des parcelles de temps innombrables. Donc aucune fixité ni dans la *matière* perçue dans l'*espace*, forme de notre intuition, ni dans l'intuition elle-même. Reste donc la forme pure de l'*espace* conçue en elle-même, et abstraction faite de tout contenu, à laquelle notre philosophe pourrait avoir attribué la fixité. Mais l'*espace* n'est pas autre chose que l'*ordre* dans lequel notre faculté intuitive range les coexistences matérielles, comme le *temps* est l'*ordre* de nos perceptions successives. Comment attribuer à l'*espace* une fixité que l'on refuserait d'accorder au *temps*, puisque ces deux formes ordinales sont absolument parallèles ? Si l'on considère ces deux formes par rapport à leur contenu respectif, on reconnaît que tant les coexistences matérielles que nos perceptions successives intérieures sont également mobiles et divisibles. Ainsi il est de toute évidence que cette prétendue opposition de ces deux concepts parallèles d'*espace* et de *temps*, dont le contenu est dans tous les deux changeant et mobile, et dont la *forme* pure, conçue en elle-même, est également ordinative, il est évident, disons-nous, que cette opposition est absolument imaginaire. En démontrant l'inconsistance de cette opposition, en enlevant à l'espace cette fixité que Kant lui a déférée par exception, on vient à ôter la réalité à cette étrange conception de l'idée de *substance*, laquelle, comme nous l'avons vu dans la citation qui précède, avait été déclarée par lui comme une conséquence de la fixité de l'espace.

Mais nous ne tarderons pas à voir Kant nier la réalité de l'idée de substance, malgré la démonstration par laquelle il avait prétendu en établir la réalité objective :

« *Tout changement présuppose*, dit-il, *quelque chose de
» fixe dans l'intuition, même pour pouvoir être perçu
» comme changement, et aucune intuition fixe ne se rencontre
» dans le sens intérieur.* » Rien de plus vague et de plus obscur
que cette proposition. Et d'abord, comment l'intuition sensible pourrait-elle nous offrir quelque chose de fixe, puisqu'elle s'exerce sur des phénomènes matériels indéfiniment
divisibles, et soumis à un changement perpétuel ? Comment,
au contraire, ne pas reconnaître la perception d'éléments fixes,
intelligibles, dans le sens intérieur qui émane d'un *moi* permanent, et qui seul nous présente des concepts stables ? N'est-ce pas renverser tous les termes, et représenter les choses,
malgré toute évidence, d'une manière absolument contraire à
la vérité ? Qu'est-ce, d'autre part, que de fonder la nécessité
d'une idée sur l'affirmation de l'idée contraire ? Que vaut cet
artifice logique, quand il s'agit de prouver une réalité aussi
importante ? Il est difficile de rassembler en si peu de mots
des erreurs aussi nombreuses et aussi graves.

Il importait beaucoup à notre philosophe d'établir quelque
part cette fixité, sans laquelle il ne pouvait lier ni les phénomènes, ni les perceptions, et se trouvait empêché de constituer l'unité synthétique, condition nécessaire de la possibilité de l'expérience. L'*espace*, par l'idée matérielle qu'il
réveille, lui a paru pouvoir être présenté comme le point fixe
indispensable à ses déductions, et il a été conduit à l'opposer
au *temps* dont le nom même impliquait la succession et la
mobilité. Mais il n'a pu être amené à énoncer cette opposition, que parce que, tout d'abord, et dès le début de son
exposition, il avait présenté les formes de la sensibilité comme
distinctes et isolées, sans faire apercevoir le caractère tout
artificiel de cette distinction. Nous pouvons concevoir sous

des formes diverses la production de notre sensibilité, mais l'unité essentielle de ces formes n'en subsiste pas moins; les phénomènes matériels coordonnés sous la forme de l'*espace* ne peuvent se présenter à notre intuition que dans des divisions successives du *temps*, et tant nos intuitions que leur objet matériel s'offrent incessamment à nous comme animées d'un *mouvement* dont les déterminations se succèdent elles-mêmes dans un *temps* donné. *Espace, temps, mouvement*, ces trois formes sont des distinctions diverses de la condition par laquelle s'opère en nous l'intuition sensible, condition que nous décomposons par une opération artificielle de notre esprit, en trois notions diverses, qui n'en sont pas moins les trois faces d'une seule et même chose.

Cette discussion montre une fois de plus comment, dans le livre que nous analysons, l'ambiguïté des termes et l'obscurité de l'exposition couvrent, sous une apparence de profondeur, les conclusions les plus arbitraires et les plus graves méprises.

CHAPITRE VII

DES NOUMÈNES

§ 1

Les catégories, comme nous l'avons vu déjà, sont données par Kant comme s'appliquant exclusivement aux phénomènes sensibles.

« L'entendement (dit-il, au chap. III de son *Analytique*
» *transcendantale*) ne peut faire de ses principes à priori, et
» même de tous ses concepts, qu'un *usage empirique*, et
» jamais un usage transcendantal..... L'usage empirique
» d'un concept s'applique simplement aux phénomènes,
» c'est-à-dire à des objets d'expérience possible..... Tous
» les concepts, et avec eux tous les principes, tout à priori
» qu'ils puissent être, se rapportent donc à des intuitions
» empiriques, c'est-à-dire aux données d'une expérience
» possible. Sans cela ils n'ont pas de valeur objective, et ne
» sont qu'un jeu de l'imagination ou de l'entendement, avec
» leurs propres représentations.

» Il est nécessaire de rendre sensible un concept abstrait,
» c'est-à-dire de montrer un objet qui lui corresponde dans
» l'intuition, parce que sans cela le concept n'aurait,
» comme on dit, aucun *sens*, c'est-à-dire resterait sans si-
» gnification : Personne ne peut définir le concept de *quan-*

» *tité* en général, que, par exemple, de cette manière : la
» *quantité* est cette détermination d'une chose qui permet
» de concevoir *combien* de fois *un* est contenu dans cette
» chose. Mais ce *combien de fois* se fonde sur la répétition
» successive de l'unité, par conséquent sur le *temps*.....
» On ne peut définir la *réalité*, par opposition à la *négation*,
» qu'en songeant à un *temps*. Si je fais abstraction de la
» *permanence* (qui est une existence en tout *temps*), il ne
» reste du concept de la *substance*, que la représentation
» logique du sujet..... Quant au concept de *cause*, si je fai-
» sais abstraction du *temps*, je ne trouverais dans la pure
» catégorie rien de plus, sinon qu'il y a quelque chose d'où
» l'on peut conclure l'existence d'une autre chose, et *alors*
» *la cause et l'effet ne pourraient plus être distingués l'un*
» *de l'autre.* »

Voilà d'importantes affirmations qui détruisent complétement ces Principes que Kant avait invoqués pour établir la légitimité de l'expérience.

Nous voyons, d'abord, que l'usage des catégories, c'est-à-dire l'emploi des fonctions de l'entendement, y est limité aux seuls objets de l'intuition sensible. C'est exclure d'un seul coup les éléments les plus essentiels de la pensée humaine qui ne dérivent aucunement de cette intuition sensible. Ainsi, pour Kant, et d'après les exactes conséquences de ses principes, l'entendement doit se confiner dans ce que peut lui fournir l'intuition sensible, et il fait un usage illégitime de ses facultés, quand il dépasse les bornes des phénomènes matériels, et de leur liaison dans l'expérience. Comment expliquer dès lors l'emploi que nous faisons incessamment des catégories dans tous les arguments qui dépassent la sensibilité corporelle, et qui constituent le principal aliment de notre pensée? Tout se réduirait donc, selon Kant, pour notre esprit à un grossier empirisme, à des recettes pratiques particulières, sans connexion entre elles, et nous ne pourrions jamais dépasser les maigres résultats d'une expérience restreinte, ne valant que pour les choses directement perçues par l'intuition sensible.

Non, jamais aucun système matérialiste n'a posé de plus étroites limites à notre activité mentale, et ne lui a départi un rôle plus abaissé, et moins conforme à la dignité de la Raison humaine.

Remarquons que Kant, après avoir déclaré nul et vide tout concept n'ayant point pour base l'*intuition* sensible, a voulu établir que les concepts de *quantité*, de *réalité*, de *substance* et de *causalité* sont légitimement employés, grâce à la notion de *temps* qui y est contenue, et qui en constitue le fondement. Or le *temps* n'est point une *intuition*, mais un simple concept ordinatif. Toute réalité est donc enlevée par cela même, d'après son principe, à ces concepts qu'il avait invoqués pour établir l'expérience.

On a vu dans le passage ci-dessus reproduit, que la notion de *quantité* est, selon Kant, la détermination du contenu d'une chose par l'application répétée de l'*Unité*, que cette répétition se fait dans un *temps* successif, et qu'en conséquence c'est le *temps* qui en est le fondement réel. S'il eût analysé exactement ce concept de *quantité*, il en aurait trouvé le principe, non dans le *temps*, notion trop générale et qui ne s'y applique que d'une façon indirecte, mais bien dans l'idée d'*Unité*. Or l'unité ne se trouvant pas dans les phénomènes, ne peut point nous être donnée par l'*intuition sensible*. Il faut donc ou bannir de la pensée et du langage cette notion si essentielle, ou reconnaître en elle une Idée purement spirituelle, qui provient d'une intuition intelligible.

Il en est de même du concept de la *Réalité* qui est une notion spirituelle supérieure à toute donnée sensible. C'est ôter à ce concept toute signification que de se borner avec Kant à le considérer comme l'opposé de l'idée de *Négation*, et il est au surplus puéril d'y faire intervenir la notion de *temps*.

Les divers arguments relatifs au concept de *persistance*, attribut constitutif de la *substance*, ont été suffisamment examinés dans nos considérations précédentes, et nous aurons au surplus à y revenir.

Mais c'est dans l'établissement du principe de *causalité*, que l'introduction du concept de *temps* paraît particulièrement inadmissible. Les *effets* émanant d'une *cause* se produisent sans doute dans un temps successif, mais la production matérielle de ces *effets* est tout autre chose que la puissance virtuelle de la *cause*, conçue comme principe d'une série quelconque d'*effets* successifs. Introduire dans le concept d'une *cause* la notion d'un *temps successif*, c'est attribuer à la *cause* efficiente et productrice les conditions afférentes à l'expansion matérielle des *effets* qui en résultent. Aussi en dérivant la conception de *cause* d'une intuition phénoménale, Kant a été conduit à ne voir entre la *cause* et les *effets* d'autre différence que celle résultant de l'antériorité, et à déclarer *qu'en faisant abstraction du* TEMPS, *la cause et l'effet ne pourraient plus se distinguer l'une de l'autre*. Or comme toute attribution de *temps* est incompatible avec la notion de cause, conçue en elle-même et dans son essence, et en doit être absolument éliminée, Kant est retombé dans le doute soulevé par Hume, au sujet d'une liaison nécessaire des *effets* et des *causes*, et il a constitué de ses propres mains cet absolu scepticisme qu'il avait voulu renverser. Hume a nié la réalité de la liaison causale, parce que sa considération n'avait embrassé que le monde phénoménal, et c'est sur ce même écueil qu'est venue échouer la doctrine de Kant, qui ne reconnaît d'autre source de notre connaissance que l'intuition sensible. Kant avait arbitrairement attribué à l'entendement une sorte de vertu créatrice produisant par elle-même les principes coordonnateurs de nos perceptions sensibles; puis il a été conduit à rechercher la source de ces principes dans les perceptions elles-mêmes, ou dans les conditions formelles de leur coordination. Ainsi, en dernière analyse, dans son système, les facultés de l'entendement tirent leur réalité de ces mêmes perceptions phénoménales qu'elles coordonnent, et qu'elles élaborent pour leur donner la forme intellective; et notre connaissance renfermée dans la seule intuition corporelle est condamnée à ne point dépasser le cercle de cette intuition, au delà de laquelle vient expirer, selon lui, la puissance de notre intelligence.

§ 2

Kant constate que lorsque nous désignons les objets sous le nom de *phénomènes* (Phœnomena, *apparitions*, Sinnenwesen, *êtres des sens*), notre esprit est conduit à opposer à ces éléments intuitifs et sensibles quelque chose d'une nature toute différente et que ne peut atteindre notre perception sensible; ainsi, dans notre esprit, à la perception d'un phénomène, se joindrait toujours la conception d'un objet dépassant l'intuition sensible, d'un *Nôumène*, perçu par l'intelligence (Nôumenon, Verstandswesen, *être de l'intellect*).

Commençons par remarquer que cette disposition de notre esprit à opposer à toute perception phénoménale un élément d'une tout autre nature, résulte de l'impossibilité absolue où nous sommes de concevoir les phénomènes dans leur mobilité indéfinie, sans les rattacher à un objet permanent auquel nous les attribuons, et qui seul les rend saisissables à notre pensée. C'est ce *quid* intelligible, supérieur à notre intuition sensible, que Kant a été forcé de reconnaître, et qu'il a désigné sous la dénomination de *Nôumène*.

Notre entendement ne peut appliquer isolément ses lois catégoriques ni aux *Nôumènes* dont il conçoit la réalité, mais qui ne lui sont révélés que par des phénomènes qui en manifestent l'existence, ni aux phénomènes qui par leur inconsistance échapperaient à son appréhension, s'ils étaient dépourvus d'un support essentiel : l'objet de notre pensée est donc ou le *Nôumène* développé dans ses phénomènes attributifs, ou bien les *phénomènes* rattachés au principe fixe qui les constitue. Ces deux éléments, remarquons-le bien, ne sont conçus isolés l'un de l'autre qu'au point de vue métaphysique, où on ne les distingue que pour constater et établir la réalité de leur élément intelligible, mais sans entreprendre à l'égard de cet élément un genre d'investigation qui dépasse les limites de nos facultés.

Kant prémunit contre le danger que l'on court en appliquant à ce concept *indéterminé* d'un être *intelligible*, (conçu comme étant en dehors de notre sensibilité, et par conséquent, dit-il, *hors des limites de notre entendement*), les procédés propres au concept *déterminé* d'un être que nous ne pourrions percevoir d'une manière quelconque par l'entendement. Il remarque que si nous nous bornons à entendre par *noumène* une chose dont nous n'avons pas l'intuition sensible, cette chose a un sens purement *négatif*.

« Mais, dit-il, si nous entendons par là *l'objet d'une intui-*
» *tion non sensible,* nous venons à admettre un mode par-
» ticulier d'intuition, à savoir *l'intuition intelligible, qui*
» *n'est point la nôtre, et dont nous ne pouvons pas même*
» *apercevoir la possibilité;* ce serait alors le noumène dans
» le sens *positif...* Or comme une telle intuition, je veux
» dire une intuition intellectuelle, est tout à fait en dehors
» de notre faculté de connaître, *l'usage de catégories ne peut,*
» *en aucune façon, s'étendre au delà des bornes des objets*
» *de l'expérience... Ce que nous appelons noumène ne doit*
» *donc être entendu que dans un sens négatif...* En défini-
» tive, la possibilité de ces noumènes n'est pas moins insai-
» sissable, et *en dehors de la sphère des phénomènes il n'y a*
» *pour nous que le vide.* En d'autres termes, nous avons un
» entendement qui s'étend *problématiquement* plus loin que
» cette sphère, mais nous n'avons aucune intuition pour la-
» quelle les objets puissent être donnés en dehors du champ
» de la sensibilité, nous n'avons même aucun concept d'une
» intuition possible de ce genre, et l'entendement ne peut
» être employé *assertoriquement* en dehors de ce champ.
» Le concept d'un noumène n'est donc qu'un concept *limi-*
» *tatif* destiné à restreindre les prétentions de la sensibilité,
» et par conséquent il n'a qu'un usage *négatif.*

» ... *L'entendement* et la *sensibilité* ne peuvent chez nous
» déterminer d'objets qu'en s'unissant. Si nous les séparons
» nous avons alors des intuitions sans concepts, ou des con-
» cepts sans intuitions, et, dans les deux cas, des représenta-
» tions que nous ne pouvons rapporter à aucun objet déter-

» miné... Le concept d'objets purs, simplement intelligibles,
» est donc entièrement vide de tous les principes qui servent
» à les appliquer, puisqu'on ne peut imaginer comment ils
» pourraient nous être donnés, et la pensée problématique
» qui leur laisse cependant un lieu ouvert ne sert que
» comme un espace vide, à restreindre les principes empi-
» riques, sans renfermer, et sans indiquer quelque autre
» objet de connaissance en dehors de leur sphère. »

Les principes de l'idéologie de Kant se dessinent avec précision dans les passages que nous venons de citer. L'intuition matérielle y est représentée comme la source unique de notre connaissance; l'intuition intelligible est résolûment niée et déclarée impossible ; les catégories sont posées comme devant être exclusivement affectées aux perceptions sensibles et à l'expérience empirique.

Dans cette question des Nôumènes, Kant se trouvait placé dans une singulière alternative. Il lui fallait ou reconnaître un ordre de Réalités autres que les réalités sensibles, ce qui contredisait un des principes fondamentaux de sa doctrine, ou méconnaître la Réalité supersensible, en niant une des conceptions les plus essentielles, les plus nécessaires de notre entendement. On a vu qu'il n'a pas hésité dans son choix, et qu'il a maintenu à tout prix son principe doctrinal. Il n'a point cherché à établir dans son argumentation comment notre esprit pouvait concevoir les phénomènes sans leur support nécessaire ; il s'est borné à répéter sous des formes diverses qu'en dehors de l'intuition matérielle, notre pensée ne pouvait rencontrer que le vide, et que conséquemment rien de réel ne devait correspondre à la conception de ces Nôumènes, bien qu'il reconnaisse cependant que cette conception se produit dans notre esprit d'une manière nécessaire. Son raisonnement se réduit ainsi à une véritable pétition de principe.

L'argumentation de Kant à l'égard de ces *Noumènes* peut d'ailleurs se ramener à des termes fort simples : c'est un besoin de notre pensée que de superposer aux phénomènes un élément fixe qui les lie et leur serve de support ; notre esprit ne peut concevoir les phénomènes, sans leur attribuer cet élément d'unité et de liaison ; mais un semblable concept dépasse l'intuition sensible dans laquelle nous avons renfermé toute réalité ; il contredit ainsi un des points importants de notre doctrine, *donc* il est inadmissible, dépourvu de réalité, et ne peut être considéré, tout au plus, que comme problématique et limitatif.

La dénomination de *Noumène* donnée à cette Réalité intelligible, à ce *quid* qui constitue l'unité substantielle des phénomènes sensibles, correspond parfaitement à celle de *substance*. Ces deux dénominations s'appliquent en effet à une même chose, à un objet *essentiel*, un et permanent, inaccessible à notre sensibilité, et se manifestant à nos sens par les modes de son existence extérieure, à savoir par des phénomènes perceptibles. Kant paraît avoir employé spécialement l'expression de *substance* dans un sens logique, et pour l'opposer aux *accidents*, tandis qu'il s'est servi de celle de *Noumène* dans un sens réel, et il la fait correspondre aux phénomènes réellement perçus.

Cette conception de principes substantiels servant de pivot aux phénomènes est un des éléments les plus nécessaires de notre connaissance. La réalité de ces principes nous est d'ailleurs incessamment confirmée par la conscience que nous avons de l'unité substantielle de notre *âme*, et des manifestations multiples de cette invisible Unité, lesquelles sont attribuées à chaque instant par nous à ce principe unique d'où elles émanent. Nous distinguons par la pensée ce principe substantiel, des phénomènes attributifs qui le révèlent, et en constatons la vivante réalité au moyen d'une perception métaphysique et intelligible, mais il ne nous est pas donné de le concevoir en lui-même, et dégagé de ses manifestations extérieures ; nous ne pouvons en aucune façon ni nous le représenter sous la forme figurative et déterminée, qui est propre aux objets de l'intuition matérielle, ni en faire le sujet d'une appréciation quantitative et discursive quelconque.

Ces Unités substantielles, élément *essentiel* des choses, quand on les conçoit en elles-mêmes, repoussent toute attribution d'espace, de temps et de mouvement, condition de notre intuition sensible. Mais leur réalité ne s'en fait pas moins sentir dans toutes nos perceptions, car sans ces éléments substantiels qui fixent et qui lient nos perceptions phénoménales, notre entendement ne pourrait ni les saisir, ni exercer sur elles ses fonctions catégoriques. Se refuser à reconnaître la réalité des principes substantiels, c'est donc méconnaître une des conditions nécessaires de l'exercice de notre pensée, et l'une des plus évidentes vérités qu'il nous soit donné de percevoir. Il suffit pour s'en convaincre de considérer que notre langage, cette expression visible de la pensée humaine, ne pourrait subsister sans l'emploi du *substantif*, qui représente cet élément substantiel regardé par Kant comme une notion vide et négligeable.

Récapitulons cette importante discussion :

Les perceptions phénoménales assumées par nos aperceptions, demeureraient éparses dans leur multiplicité et leur mobilité indéfinies, si notre pensée ne les rattachait à un sujet permanent, et ne se les représentait elles-mêmes comme étant inhérentes à ce sujet, comme étant la manifestation extérieure de sa Réalité essentielle. Tant ces éléments qualificatifs perceptibles, que ces concepts généraux dans lesquels nous résumons les mouvements actifs et passifs des choses, constituent ces prédicats de qualité et d'action qu'il nous faut attribuer à un sujet permanent, pour obtenir la matière de nos observations, et de nos jugements.

Au fond, c'est à des sujets conçus comme des unités permanentes, que s'applique perpétuellement l'usage des catégories de l'entendement, lesquelles ne sauraient saisir des éléments flottants et mobiles. Mais Kant, après avoir établi que ces catégories étaient des *formes* qui demeureraient vides et inertes, sans une matière sur laquelle elles puissent opérer, présente cette matière de notre intellection comme consistant uniquement dans les phénomènes tels qu'ils s'offrent à notre perception sensible, et il en conclut, au mépris de toute évidence, que notre intuition étant purement phénoménale, les catégories repoussent tout concept métaphysique, tandis qu'au contraire elles ne peuvent s'appliquer aux perceptions phénoménales et sensibles, que grâce aux éléments métaphysiques auxquels elles se rapportent, et qui seuls les rendent intelligibles.

C'est donc pour avoir exclu de l'âme humaine toute intuition intelligible, et avoir nié la réalité de tout ce qui dépasse en elle l'intuition matérielle, que Kant a été conduit à représenter comme des notions vides ces Nôumènes dont il reconnaissait cependant la présence dans notre esprit, comme un fait incontestable et nécessaire. Nous avons montré que ces concepts d'éléments substantiels inhérents à notre pensée échappaient toutefois à toute figuration, et il en est de même de tout objet de notre intuition supersensible. Rappelons-nous que si les objets purement intelligibles agissent puissamment sur notre âme, s'ils s'offrent à notre pensée comme la condition nécessaire de son exercice, notre imagination est toutefois impuissante à se les représenter ; et elle remplit notre entendement d'illusions et de fantômes, lorsqu'elle entreprend de les concevoir sous des formes déterminées et par des images figurables. On abaisse ces idées supérieures quand on les soumet aux conditions de la perception phénoménale, et notre esprit se détourne de sa voie véritable, lorsqu'il veut renfermer les choses intelligibles dans les bornes étroites de la détermination matérielle. Les aberrations qui résultent de la confusion des deux ordres si dissemblables de nos perceptions, sont pour l'humanité une cause perpétuelle d'erreurs et de souffrances, et la matérialisation des principes spirituels a été, dans tous les temps, ce qui a le plus contribué à entraver les progrès des sociétés humaines.

Il fallait donc montrer que les deux ordres de notre connaissance, séparés par d'infranchissables limites, avaient des conditions de manifestation propres à chacun d'eux, et qu'on devait ne jamais confondre : l'esprit philosophique ne pouvait embrasser un sujet plus important et plus noble.

Mais Kant, au lieu de rappeler ces différences profondes, et de prémunir contre le danger de la confusion de ces éléments opposés, a été conduit par les principes de sa doctrine à réduire au néant les concepts supérieurs qui sont la base de notre connaissance. Il n'a pas craint de contredire ainsi les expressions les plus fréquentes et les plus évidentes de l'activité humaine, qui proteste incessamment contre cette exclusion par le rôle prépondérant qu'elle assigne aux concepts substantiels, tant dans le langage que dans tous les exercices de la pensée. Kant n'a-t-il pas d'ailleurs obéi lui-même pratiquement à la loi commune, et n'est-ce pas en dépassant les limites où il avait enfermé ces concepts, qu'il lui a été possible d'exprimer ses pensées et de produire ses démonstrations ?

Notre connaissance provient-elle tout entière de nos sens matériels et de notre intuition phénoménale, ou bien est-elle alimentée parallèlement par une intuition supérieure qui lui révèle des principes ordonnateurs présidant à toutes les manifestations de l'activité mentale ? C'est de cette question et de la façon dont on y doit répondre, que dépend la solution des problèmes les plus importants de la métaphysique.

Il n'est donc pas inutile de rappeler, dans un rapide résumé, comment l'exercice de nos fonctions intellectuelles, à ses divers degrés, démontre avec évidence la réalité et l'importance de l'intuition intelligible.

Si nous examinons la manière dont Kant a exposé, dans son Esthétique transcendantale, les concepts d'*Espace* et de *Temps*, formes de notre intuition sensible (auxquelles nous avons ajouté la forme de *Mouvement*, qui en est inséparable), nous remarquons d'abord que notre philosophe, ne pouvant dériver de cette intuition elle-même les formes appelées à la coordonner, et se refusant à les attribuer à une cause initiale, a été conduit à les considérer comme se produisant d'elles-mêmes, en vertu d'on ne sait quelle force intrinsèque et indépendante, contredisant ainsi par un incroyable sophisme cet irrésistible besoin de notre esprit de rattacher toutes les choses à un principe causal et originel.

Mais ces formes qui imposent à nos intuitions sensibles leur coordination nécessaire, ne peuvent être conçues que comme émanant d'une cause efficiente et infinie ; elles sont pour nous une manifestation de l'Objet infini de notre intuition intelligible, qui nous révèle les attributs divins d'*Infinité*, d'*Éternité*, et de *Force*. Ces idées que notre entendement imparfait et fini ne peut saisir dans leur essence suprême, se présentent à nous dans ces merveilleux concepts d'*Espace*, de *Temps* et de *Mouvement*, qui nous en offrent une *déduction*, dont le caractère mesurable et indéfini devient accessible à notre pensée, et se proportionne aux limites de nos facultés mentales.

L'intuition intelligible se manifeste également avec toute évidence dans ces principes fondamentaux de *concordance*, de *causalité*, de *permanence* et d'*ordre*, sans lesquels notre entendement ne pourrait lier d'une manière quelconque les objets de notre connaissance. Nous avons montré que Kant a été obligé de reconnaître ces principes pour établir la possibilité de l'expérience, mais pour n'avoir pas voulu les considérer comme dérivant de l'intuition intelligible (ce qui leur aurait donné un caractère objectif et réel), il leur a enlevé toute consistance, en les concevant comme des notions hypothétiques, et purement logiques. Une semblable conception substitue les fantômes de l'hypothèse et les formules vides de la logique, aux rapports intimes des choses tels qu'ils sont saisis dans leur réalité par notre intelligence, et qu'ils se trouvent reproduits par nos représentations. Dès lors le système entier de notre connaissance ne repose plus que sur un ensemble de combinaisons arbitraires, et notre esprit flotte au milieu d'apparitions illusoires auxquelles ne correspond aucune réalité.

D'un autre côté, les concepts catégoriques ne s'appuyant pas sur des principes supérieurs qui en établissent la correspondance effective avec l'ordre réel des choses, n'ont plus le caractère de lois inhérentes à notre entendement. Réduits à ne représenter que des rapports logiques, les concepts sont présentés comme offrant une valeur égale dans leurs oppositions respectives : l'*accident* n'est plus subordonné à la *substance*, ni l'effet à la *cause*, mais tous se produisent indifféremment, et c'est à peine s'ils se distinguent entre eux par une antériorité tout à fait indépendante de leur importance intrinsèque.

Nous trouvons également une dérivation manifeste de l'intuition intelligible dans ces concepts qualificatifs conçus par nous sous une forme typique et absolue, avec une généralité que ne peuvent nous offrir nos perceptions matérielles, soit qu'on les envisage isolément, soit qu'on les réunisse dans un concept compréhensif plus ou moins étendu.

Enfin c'est l'intuition intelligible qui nous révèle ces principes régulateurs qui déterminent l'existence et le développement de notre vie sociale. Les perceptions sensibles sont individuelles et incommunicables, et elles ne sauraient exciter chez les hommes aucun sentiment général. C'est en vertu de cette intuition supérieure que nous possédons ces idées dont l'autorité est universelle, et qui ont une vertu agrégative, capable de déterminer des efforts communs, et de proposer un même but, sous l'empire des lois de justice et de vérité ; enfin ces idées qui constituent le commerce des Êtres intelligents, et les rendent isonomes avec Dieu, ἰσονόμοι Θεῷ (selon l'admirable expression de Marc Aurèle) en en faisant, sous le gouvernement de la sagesse divine, les citoyens de la Cité rationnelle et céleste.

CHAPITRE VIII

DE LA RAISON

§ 1ᵉʳ

Après avoir exposé dans la Logique transcendantale la nature des fonctions de l'entendement, et des conditions de l'expérience, Kant aborde, dans sa *Dialectique*, l'étude de la Raison, de la faculté supérieure qui domine tous les actes de notre Intelligence.

Il nous représente la Raison comme poussée par une force irrésistible à s'élancer au delà des limites de l'intuition et de l'expérience, mais il a soin de nous avertir qu'au lieu de recueillir dans ces régions nouvelles un supplément de connaissances, elle n'y trouve que de pures apparences, des perceptions fantastiques et illusoires, qui la déçoivent et la trompent. « Nous avons affaire, dit-il, à une *illusion naturelle et*
» *inévitable*, qui repose elle-même sur des principes sub-
» jectifs et les donne pour principes objectifs...

» Il y a donc une *Dialectique de la Raison pure* qui est na-
» turelle et inévitable. Ce n'est pas celle où s'engagent les
» têtes sans cervelle, faute de connaissances, ou celle qu'un
» sophiste aurait ingénieusement imaginée pour tromper les
» gens raisonnables, mais celle *qui est inséparablement liée*
» *à la raison humaine, et qui alors même que nous en avons*

» *découvert l'illusion*, NE CESSE PAS DE SE JOUER D'ELLE ET DE
» LA JETER A CHAQUE INSTANT DANS DES ERREURS QU'IL FAUT
» TOUJOURS REPOUSSER. »

Quel tragique et lamentable spectacle nous offre cette Intelligence qui se sent fatalement entraînée vers des erreurs qu'elle reconnaît et repousse, et qui se consume sans relâche et sans espoir en d'immenses efforts pour échapper à de dangereux prestiges, toujours combattus et toujours renaissants ! Il y aurait ainsi un Être assez pervers pour entourer notre esprit de lueurs fallacieuses, semblable à ces peuplades barbares qui éclairent de feux perfides leurs rives inhospitalières, afin de tromper les navigateurs et de les conduire à un inévitable naufrage.

Voilà donc où en vient cette doctrine, qu'on a si longtemps vantée comme devant restaurer les croyances spiritualistes et combattre victorieusement les principes du matérialisme et du scepticisme !

Poursuivant son étude de la Raison, Kant affirme que *toute notre connaissance commence par les sens, passe de là à l'entendement, et finit par la raison.* Il confirme ainsi une fois de plus que les sens sont la source originelle de toute notre connaissance. Il ajoute bientôt néanmoins que la Raison « contient elle-même l'origine de certains con-
» cepts et de certains principes qu'elle ne tire ni des sens,
» ni de l'entendement. »

Mais d'où et comment la Raison tirerait-elle des concepts et des principes objectifs, du moment qu'on en a écarté d'une manière absolue tout mode direct d'intuition et qu'elle s'appuierait indirectement sur la seule intuition sensible ? Quelle cause, si ce n'est la répugnance pour les choses divines (presque générale, comme nous l'avons fait remarquer chez les philosophes de la fin du xviiie siècle), peut avoir poussé Kant à admettre dans la raison humaine une force intrinsèque et indépendante, produisant ces principes par sa propre puissance? Une pareille supposition n'est-elle pas parfaitement analogue, comme nous l'avons indiqué naguère, à celle qui mettrait dans un mécanisme quelconque le principe du mouvement de ce mécanisme? Concevoir une faculté rationnelle puisant en elle-même des concepts et des principes, c'est admettre une chose bien autrement inexplicable, que de reconnaître une intuition spirituelle, où elle puiserait les éléments supérieurs de sa connaissance.

Cette intuition spirituelle, à laquelle participent toutes les intelligences, peut seule rendre possible ce commerce universel des êtres rationnels, par lequel s'établissent entre eux les accords et les correspondances qui constituent la vie intellectuelle et sociale.

Écoutons Malebranche (1) : « Lorsque tu t'entretiens avec
» les autres hommes, ils comprennent et approuvent tes
» sentiments ; lorsque les marchands se rendent leurs comp-
» tes, et que des géomètres raisonnent entre eux, ils se
» convainquent les uns les autres. Prends garde ! Comment
» se peut-il faire que tous les hommes s'entendent et con-
» viennent entre eux, si la raison qu'ils consultent est une
» raison particulière ? Peux-tu concevoir que le génie que
» tu penses t'éclairer soit capable de répandre la même lu-
» mière généralement sur tous les esprits, et qu'une intel-
» ligence particulière puisse être cette Raison universelle qui
» rend raisonnables toutes les nations du monde? Ne sens-

---

(1) Malebranche, Médit. chrét., 2e médit., § 7.

» tu pas que la lumière de ta raison est toujours présente,
» qu'elle habite en toi, et que lorsque tu rentres en toi-
» même tu en deviens tout éclairé ? N'entends-tu pas qu'elle
» te répond par elle-même, d'abord que tu l'interroges,
» lorsque tu sais l'interroger par une attention sérieuse,
» lorsque tes sens et tes passions sont dans le respect et dans
» le silence? »

Oui, en dépit de toutes les argumentations des sophistes, nous sentons que cette Raison universelle habite réellement en nous. Elle est en nous, mais elle plane au-dessus de notre sentiment vacillant et faillible, et elle répond à nos humbles interrogations comme un Maître bienveillant répond à un disciple attentif et respectueux.

Mais, selon Kant, les principes qui émanent de notre Raison, bien loin d'augmenter nos connaissances, et de nous conduire à la Vérité, nous sont, au contraire, une source d'erreurs et d'illusions inévitables, nécessaires. Quel contraste entre de telles conclusions et les profondes et consolantes Méditations du grand Oratorien dont nous venons de citer les éloquentes paroles, et qui nous rappelle la voix de notre Père céleste retentissant dans le cœur de tous les hommes, et leur révélant incessamment l'Éternelle Vérité !

§ 2

« L'*entendement*, dit Kant, peut être défini la faculté
» qui ramène les phénomènes à l'unité, au moyen de cer-
» taines règles ; et la *Raison* la faculté qui ramène à l'unité
» les règles de l'entendement, au moyen de certains prin-

» cipes. Elle ne se rapporte donc jamais *immédiatement* à
» l'expérience, mais à l'entendement, aux connaissances
» diverses duquel elle communique à priori, au moyen de
» certains concepts, une unité que l'on peut appeler *ration-*
» *nelle*, et qui est essentiellement différente de celle qu'on
» peut tirer de l'entendement. »

Il est important de bien saisir le rôle assigné par Kant à la Raison. Aussi, pour mieux dégager la pensée de notre philosophe de l'obscurité où il aime à l'envelopper, nous croyons utile de reproduire les termes dans lesquels le docteur Schulze a exposé (en septembre 1791) les idées de Kant à l'égard des fonctions de la Raison, du vivant et avec l'approbation de son Maître :

« *Tous les concepts et tous les principes de notre entende-*
» *ment* n'étant applicables qu'à des objets de l'expérience
» possible, il va déjà de soi que tout raisonnement rationnel
» s'appliquant aux choses en dehors des conditions de l'ex-
» périence, bien loin d'atteindre la vérité, ne doit nécessai-
» rement aboutir qu'à une *apparence* et à une illusion. Mais
» le propre de cette illusion, c'est qu'elle est inévitable...,
» à tel point, qu'alors même que nous en apercevons déjà la
» fausseté, nous ne pouvons cependant nous en délivrer....
» En effet, le champ de l'expérience ne nous satisfait point...
» Notre raison, pour se satisfaire, doit donc nécessairement
» essayer de franchir les limites de l'expérience, et en con-
» séquence se persuader infailliblement qu'elle atteindra
» par cette voie l'extension et l'intégralité de ses connais-
» sances, qu'elle ne peut trouver dans le champ des phéno-
» mènes. Mais cette persuasion est une pure illusion, car
» tous les concepts et principes de notre entendement étan
» complétement vains, en dehors des limites de notre expé-

» rience sensible, et ne pouvant absolument être alors appli-
» qués à un objet quelconque, la raison s'illusionne lors-
» qu'elle donne une valeur *objective* à des maximes
» *subjectives qu'elle n'admet que pour sa propre satisfac-*
» *tion* (1). »

Les paroles que nous venons de citer expriment exactement la doctrine de Kant par rapport aux fonctions de la raison. Nous allons en voir les divers développements, et nous en signalerons les plus remarquables conséquences.

Kant a établi d'abord d'une manière générale, comme nous l'avons vu dans les paroles de son disciple, que la raison est appelée par un invincible besoin de sa nature à dépasser le cercle de l'expérience, hors duquel elle ne peut cependant rencontrer, suivant lui, que l'illusion et le vide. Passant ensuite à en exposer les fonctions logiques, il n'hésite pas à attribuer la détermination et la conclusion finale de tous nos jugements à cette même Raison condamnée par lui, quelques lignes plus haut, à opérer dans le vide, et à ne produire que des combinaisons illusoires.

Selon lui, trois facultés diverses concourent à la constitution du syllogisme : la *majeure* est fournie par l'*Entendement*, la *mineure* est donnée par l'*Imagination*, et c'est la Raison qui déduit la *conséquence*, et vient à prononcer ainsi le jugement définitif qui y correspond. Il se borne d'ailleurs à énoncer d'une manière péremptoire la part assignée par lui à chacune de ces facultés dans la formation du syllogisme, sans l'établir par une analyse préalable.

Pour que la Raison puisse déterminer la conclusion d'un syllogisme, il faut admettre qu'elle apprécie et juge tout

---

(1) Traduction de M. J. Tissot.

d'abord la valeur des deux propositions qui l'établissent. Il lui faut donc être en possession d'un principe supérieur à la proposition initiale, alléguée comme *majeure* par l'entendement, et que ce principe lui serve de pierre de touche pour reconnaître tant l'exactitude de la proposition exprimée par la *majeure*, que la congruité de celle énoncée par la *mineure*. C'est donc en vertu d'un principe placé hors de ce syllogisme, qu'elle peut arriver à repousser, rectifier, ou admettre les deux propositions d'où découle la *conséquence* cherchée. Mais d'où lui viennent ces principes qui contiennent en eux la vertu régulative de tous nos raisonnements? D'après les affirmations précédentes, la raison ne les tirerait que d'elle-même et de ses forces intrinsèques; elle les puiserait ainsi à cette source d'illusions et de fantômes, d'où ne peut provenir aucune notion qui corresponde à une réalité objective? Voilà donc nos jugements viciés dans leur essence, et étendant le vice de leur origine à toute la masse de nos raisonnements, à tout l'ensemble de nos connaissances!

Les plus choquantes contradictions se rencontrent à chaque pas dans la *Critique de la raison pure*, mais elles abondent surtout dans cette exposition des fonctions de la Raison. Tantôt on y attribue à la Raison le rôle le plus noble et le plus bienfaisant, dans un langage digne des plus grands maîtres de la pensée humaine; tantôt on la condamne à n'enfanter que des illusions, mais toujours on en représente les affirmations comme dépourvues de toute autorité, et comme incapables de fournir à l'entendement des règles valables, et d'imposer à la conscience des dogmes impératifs. Et quand on l'élève à la plus grande hauteur, on la conçoit comme ne pouvant offrir à la pensée que des types idéaux inconsistants, se présentant sous la forme d'irréalisables *desiderata*.

Continuons nos citations :

« Le principe propre de la Raison, en général, dans son
» usage logique, est de trouver pour la connaissance condi-
» tionnelle de l'entendement l'élément inconditionnel qui
» doit en accomplir l'unité... Ce principe, que la série des
» conditions (dans la synthèse des phénomènes, ou même
» de la pensée des choses en général) s'élève jusqu'à l'in-
» conditionnel, a-t-il une valeur objective, et quelles sont
» les conséquences qui en dérivent pour l'usage empirique
» de l'entendement ?..... N'est-ce pas par l'effet d'un malen-
» tendu que nous prenons *ce besoin de la Raison* pour un
» *principe transcendantal* de la Raison pure, imposant
» témérairement l'intégrité absolue des conditions à la
» série des conditions dans les objets mêmes ?... Voilà ce
» que nous avons à examiner dans la Dialectique transcen-
» dantale, qu'il s'agit maintenant de dériver de ses sources,
» lesquelles sont profondément cachées dans la Raison
» humaine. »

Mais comment distinguer un *besoin de la Raison* d'un *principe transcendantal* de cette même Raison ? Comment le *principe transcendantal* aurait-il plus d'autorité que le *besoin*, puisqu'ils émanent tous deux d'une même faculté dont les manifestations ne procéderaient que d'elle-même, sans l'influence d'aucune force extérieure ? Une pareille recherche ne peut donc donner lieu qu'à une discussion verbale sans résultat possible, et l'on ne serait pas plus fondé à rejeter une proposition comme un *besoin de la Raison*, qu'à l'admettre comme *principe*, car *besoins* et *principes* appartiennent également à une même faculté, et à une faculté qu'on nous a représentée comme illusoire et erronée.

Kant nous montre ensuite, après une série de déductions qu'il serait oiseux de reproduire, que toutes les idées transcendantales (*idées* de la Raison, distinctes des *concepts* de l'entendement) sont ramenées à trois classes, dont la première contient l'*idée absolue du sujet pensant*, la seconde, l'*unité absolue de la série des conditions du phénomène*, la troisième, l'*unité absolue de tous les objets de la pensée, en général*.

« *Le sujet pensant*, dit-il, est l'objet de la *Psychologie*;
» l'ensemble de tous les phénomènes (le Monde) celui de la
» *Cosmologie*, et ce qui contient la condition suprême de la
» possibilité de tout ce qui peut être conçu (l'Être de tous
» les Êtres), est l'objet de la *Théologie*.

» Il n'y a pas, à proprement parler, pour ces idées trans-
» cendantales de déduction objective possible, comme celle
» que nous avons pu donner pour les catégories. C'est qu'en
» effet, précisément *parce qu'elles ne sont que des idées,*
» *elles n'ont point de rapport à quelque objet qui puisse*
» *être donné comme correspondant*. Tout ce que nous pou-
» vions entreprendre, c'était de les dériver subjectivement
» de la nature de notre Raison. »

C'est donc à la Raison que Kant défère la solution de ces grands problèmes, mais il dit en même temps que les idées produites par elle à cet égard ne peuvent point correspondre à quelque chose d'objectif et de réel ; ce ne sont que de pures visions, car elles émanent d'une faculté intrinsèquement fallacieuse, et ne pouvant enfanter que d'inconsistants fantômes. C'était exprimer par avance la décision finale de la Doctrine critique sur les questions qui intéressent le plus vivement la conscience humaine.

Ainsi, avant toute discussion, les affirmations de la Raison à l'égard des questions que se pose naturellement notre esprit sur notre âme, sur le Monde, sur Dieu, et partant sur tout ce qui affecte le plus fortement la vie intellectuelle et morale, se trouvent déjà résolues négativement. Les idées qui y correspondent sont un vain jeu de l'esprit, pouvant, tout au plus, réussir parfois, grâce à un arrangement dialectique laborieusement combiné, à présenter à la conscience quelques moyens illusoires de consolation et d'apaisement.

Cependant il s'agit de reconnaître l'âme humaine et ses insondables profondeurs, de pénétrer dans ce microcosme où brille l'Éternelle Vérité, et où se résument toutes les merveilles de la nature. Il s'agit de retrouver dans le Monde, dans cette harmonieuse manifestation de l'Essence divine, ces lois qui concourent à la perfection d'un ensemble dont les moindres parties concordent et se correspondent, puis, après la contemplation de toutes ces merveilles, de nous conduire devant le Trône du Dieu vivant, devant ce Trône auquel se rattachent par une chaîne infinie tous les Êtres et toutes les existences, et d'où descendent sans cesse des flots intarissables de Verité, d'Amour et de Vie.

Et c'est une Raison dont on nous représente les idées comme de pures illusions, dont les raisonnements ne peuvent aboutir qu'à des paralogismes, c'est elle que l'on place devant cette Isis sublime, pour qu'elle en soulève le triple voile de ses mains impuissantes, et qu'elle en contemple d'un regard éteint les éblouissantes splendeurs !

CHAPITRE IX

DISCUSSION CONTRADICTOIRE DES PROBLÈMES MÉTAPHYSIQUES.

§ 1er

Les considérations préliminaires par lesquelles Kant a abordé la discussion de ces grandes questions touchant l'âme humaine, le Monde et Dieu, montraient tout d'abord qu'il n'admettait à cet égard que des solutions négatives. Il n'en a pas moins poursuivi la discussion approfondie de ces problèmes, à la seule fin de prouver qu'ils dépassent la portée de notre connaissance, et que la Raison en se livrant à leur examen ne pouvait aboutir qu'à des résultats contradictoires et hypothétiques. Dans cette pensée il a établi, sous la forme de raisonnements rigoureux, une double série de démonstrations contraires, et il a donné à ces discussions antithétiques les noms de *Paralogismes* et d'*Antinomies* de la Raison pure.

Notre philosophe a procédé, selon sa coutume, par une argumentation purement dialectique, en posant des concepts, et en les liant par des rapports nominaux. Les raisonnements antithétiques qu'il a mis en regard, et qui conduisent à des conclusions opposées, ne peuvent résister les uns et les autres, même au point de vue de la Logique, à un rigoureux examen, car les termes de la discussion ne se correspondent en aucune façon, et se rapportent successivement à des ordres d'idées complétement hétérogènes.

Ces discussions compliquées, où Kant ajoute ses propres contradictions à celles des thèses opposées dont il présente le développement, bien loin de porter quelque lumière sur ces hautes questions, semblent faites, au contraire, pour accroître les incertitudes de l'esprit, et pour l'éloigner davantage des solutions admises et consacrées par le bon sens de l'humanité.

En ne reconnaissant pour notre pensée qu'une seule source d'intuition, la sensibilité, Kant, forcé de reconnaître dans notre intelligence des concepts se rapportant à l'ordre supersensible, avait été conduit à en attribuer la production à une disposition intrinsèque de la Raison. Il lui a donc fallu rechercher dans les propres évolutions de la Raison, dans ses procédés discursifs, le moyen d'éclairer et de systématiser ces concepts, dont il avait proclamé par avance l'illusion et le vide.

Mais ces formes discursives ne peuvent saisir que des éléments déterminés et figurés, tels que les donnent les perceptions phénoménales; or, un infranchissable abîme sépare ces perceptions de nos notions transcendantales. Celles-ci ne sont susceptibles d'aucune détermination et d'aucune figuration. Comme nous l'avons montré à plusieurs reprises nous ne pouvons que les penser, en leur attribuant l'*unité* et la *fixité*, qui manquent aux phénomènes perçus par notre sensibilité.

Ces idées supérieures échappent conséquemment à toute analyse, et notre esprit est impuissant à fournir un moyen terme, une *copule*, pour rattacher logiquement les principes substantiels et métaphysiques aux concepts provenant des coordinations opérées par notre entendement sur les données phénoménales de la sensibilité. Les procédés dialectiques sont particulièrement inapplicables à l'étude et à la décision des hautes questions de la Métaphysique, car il n'en peut résulter que des combinaisons nominales laborieusement construites où les termes du raisonnement, détournés de leur signification véritable, sont reçus successivement dans des acceptions très-diverses. Un tel genre d'argumentation n'a donc aucune valeur, pas plus dans ses affirmations que dans ses négations.

En examinant la construction intime du syllogisme (forme logique employée d'une manière plus ou moins rigoureuse dans ces sortes de démonstrations), on trouvera toujours dans la *majeure* une proposition se rapportant à un *sujet* d'ordre transcendantal, et ce sujet essentiellement indéterminable ne peut point se rattacher valablement à la proposition énoncée dans la *mineure*, laquelle renferme des concepts déterminés. Si elle s'y rattache en apparence, ce ne peut être que par l'effet d'une *équivoque* (*per fallaciam homonymiæ*), à savoir en prenant successivement dans des acceptions très-différentes le *sujet* exprimé dans la *majeure*, et en passant ainsi, par un abus de langage, de l'ordre spirituel et métaphysique à l'ordre matériel et physique. Un raisonnement aussi radicalement vicieux ne saurait produire une conséquence valable.

On rencontre en grand nombre ces raisonnements vicieux dans la *Critique de la Raison pure*. Nous en citerons un exemple tiré des *Remarques sur la première antinomie* (remarques qui suivent un complet développement de la thèse et de l'antithèse de cette antinomie), dans lesquelles Kant juge le résultat du conflit des deux argumentations opposées :

Une quantité, y est-il dit, *est infinie quand il ne peut y en avoir de plus grande.*

Il n'y a pas de multitude qui soit la plus grande possible, puisqu'on peut toujours y ajouter une ou plusieurs unités.

Donc une grandeur infinie est impossible.

Ce raisonnement nous présente un double artifice, résultant de l'emploi abusif des termes.

D'abord le mot *quantité*, sujet de la proposition initiale, semble avoir été choisi avec intention, parce que son sens vague se prête à ce qu'on puisse le concevoir dans deux significations diverses : puisque, d'une part, il exprime l'idée d'une Unité immatérielle, repoussant toute attribution de parties et partant réellement Infinie, et que de l'autre il signifie un assemblage de parties multiples. Grâce à cette équivoque, Kant a pu glisser dans la *mineure* la dénomination de *multitude* pour remplacer celle de *quantité*, laquelle n'offre pas en apparence un sens très-différent, bien qu'en réalité il ait représenté par elle une notion tout opposée. Le prédicat *infinie* offre également une équivoque analogue. Ce prédicat est donné dans la *majeure* comme transcendantal, et incompatible avec toute détermination quantitative, et l'on y substitue dans la *mineure* une attribution se rapportant à un ensemble matériel, susceptible d'un nombre indéfini de diminutions et d'accroissements successifs. La *majeure* et la *mineure* expriment ainsi dans ce raisonnement deux propositions radicalement différentes, et dont on a cherché à opérer la liaison par un abus de langage. Le mot de *quantité*, conçu d'abord dans un sens immatériel et absolu, est venu se confondre avec celui de *multitude* pris dans un sens matériel; puis la notion d'*infini* a été transformée dans celle d'*indéfini*, malgré la différence essentielle des deux termes, et la complète opposition des choses auxquels ils se rapportent. La *majeure* énonce un sujet métaphysique ne comportant aucune division, tandis que la *mineure* propose un sujet physique susceptible de subir en nombre indéfini les accroissements et les diminutions. La *conséquence* s'appliquerait donc au concept de *multitude indéfinie*, sujet concevable par notre entendement, mais non pas à la notion de l'*Unité* infinie et indécomposable, telle qu'elle est pensée par notre *Raison*.

§ 2

L'étude de la construction du syllogisme prouve d'ailleurs par elle-même que cette forme de raisonnement ne doit pas s'employer dans la discussion des questions métaphysiques, pour peu que l'on ait pour but la recherche sincère de la vérité. Le vice inhérent à la forme syllogistique se retrouve déjà dans la constitution de la *majeure*. La proposition initiale qui y est énoncée exprime en effet l'attribution à un *sujet substantiel* de *prédicats* tirés des sens et de l'expérience, et rapproche logiquement des choses essentiellement différentes.

Il faut remarquer d'ailleurs que toute attribution de prédicats exprime un acte spontané et intuitif de la raison qui dépasse la sphère des opérations logiques, lesquelles ne peuvent fournir par elles-mêmes des perceptions intuitives, et doivent se borner à rapporter à un sujet les éléments donnés par l'énoncé même de ce sujet. Or toute déduction de prédicats ne se rapporte plus au *sujet* métaphysique conçu dans son *essence*; elle s'applique à ses manifestations sensibles, aux conditions matérielles de son *existence*, de son expansion extérieure et visible, et elle rentre dans cet ordre phénoménal qu'il est impossible de rattacher logiquement aux choses de l'ordre métaphysique.

Les formules dialectiques embrassent et confondent deux ordres de connaissances essentiellement différents; aussi les systèmes qui se fondent sur de pareilles formules, qu'ils soient spiritualistes ou matérialistes, s'écroulent tour à tour devant les objections de leurs adversaires, et l'on demeure en présence d'un résultat négatif dont, quoi qu'en dise Kant, l'esprit humain ne saurait se contenter.

Il nous paraît opportun de reproduire ici quelques mémorables paroles de Vico (1) : « Entreprendre de prouver Dieu » à priori, c'est se rendre coupable d'une curiosité impie ; » car se hasarder à une telle tentative, c'est vouloir établir » soi-même la Divinité, et la nier dans l'acte même par lequel » on témoigne de la chercher. » Et il ajoute un peu plus loin : « La métaphysique surpasse la physique, en ce qu'elle » traite des choses formelles et de l'infini. La physique est » une partie de la métaphysique, parce qu'elle s'applique aux » choses formées et déterminées... L'esprit humain est une » chose finie et formée ; il ne peut donc comprendre les » objets infinis et informes, mais il peut les penser... La » clarté de la vérité métaphysique est semblable à celle de la » lumière, que nous ne distinguons que par l'opposition des

---

(1) J. B. Vico, *De antiquissima Italorum sapientia*, etc., ch. IV, § 1.

» corps opaques qu'elle éclaire ; les vérités métaphysiques
» sont lumineuses, aucune limite ne les circonscrit, aucune
» figuration ne les détermine ; les choses physiques sont les
» opacités qui nous font distinguer la lumière des réalités
» métaphysiques. »

Mais s'il est impossible à notre entendement de prouver par des déductions logiques la réalité de ces principes supérieurs, nous retrouvons, en revanche, dans le moindre de nos raisonnements (comme dans toutes les manifestations de notre activité) la trace profonde de ces mêmes principes, et il nous faut reconnaître, si l'on y veut réfléchir, que sans eux aucune partie de nos argumentations ne saurait ni s'établir, ni subsister. Nous avons montré que toute attribution de prédicats à un *sujet* résulte d'un acte intuitif de la Raison, lequel dépasse la portée de la perception sensible. La conception même d'un *sujet* quelconque implique l'affirmation d'un *être* conçu comme permanent et individuel ; l'acte compréhensif qui lie les termes d'un raisonnement pour en déduire une conséquence suppose également qu'il y a dans nos concepts une cohésion intime et une dépendance naturelle, lesquelles se rapportent aux conditions intrinsèques de notre entendement et aux lois fondamentales qui en règlent l'exercice. Toute construction logique ne s'établit en conséquence qu'en vertu des idées de *réalité*, de *concordance* et de *causalité*, sans lesquelles toute liaison de nos concepts serait impossible. D'un autre côté, la déduction de la *conséquence* et l'expression du *jugement* qui en résulte supposent une Personne substantielle, un *Moi* qui les énonce et les accueille, et qui les accueille parce qu'il reconnaît que ce jugement est conforme à la vérité, c'est-à-dire qu'il correspond à l'enchaînement objectif et réel des choses.

Ainsi, lorsque l'esprit sophistique entreprend de contester la réalité de ces Principes supérieurs, il emploie pour son attaque des arguments dont la forme intrinsèque présente elle-même une preuve irrécusable de cette réalité. L'ordre de la démonstration se trouve complétement renversé. Au lieu de recourir aux arguments syllogistiques et de procéder par eux à l'appréciation de la légitimité et de la valeur des principes métaphysiques, comme l'a fait la *Critique de la Raison pure*, nous montrons que ces arguments, dans leurs parties et dans leur ensemble, offrent en eux-mêmes la preuve de la réalité de ces principes, et que c'est de ces principes qu'ils tirent les éléments qui les constituent. La réalité et la puissance de ces idées supérieures sont données dans les formes mêmes de l'argumentation, et il est en conséquence insensé de chercher dans le jeu dialectique de nos raisonnements la preuve directe de la réalité de ces principes qui constituent le fondement essentiel de ces raisonnements eux-mêmes.

Les lois qui déterminent les conditions générales de l'existence, du développement et des rapports nécessaires des choses, se retrouvent dans tous les objets qui frappent nos sens, et qui exercent notre pensée ; elles subsistent dans la double série des phénomènes naturels et des œuvres humaines, et il appartient à l'esprit philosophique de les saisir, en les isolant des éléments qui les enveloppent.

Mais si les raisonnements syllogistiques sont impuissants à nous faire découvrir ces lois, il en est autrement des raisonnements inductifs, puissants instruments de toutes nos investigations.

Rappelons que l'*induction* est une opération par laquelle

nous saisissons dans les caractères les plus saillants des objets soumis à notre observation une *généralité* dont nous étendons l'application à toute la série des objets analogues. Cette généralité dépasse donc nécessairement le nombre des cas observés, lequel est toujours minime par rapport à l'extension indéfinie de la conclusion proposée.

C'est par l'*induction* que s'effectuent les découvertes scientifiques, et que l'on étend à de nouveaux groupes de phénomènes l'action de lois régulatrices. L'extension à une généralité d'une observation qui se réfère à un nombre donné de cas particuliers, s'opère dans l'acte inductif par un mouvement vif et spontané de l'esprit de l'observateur; ce mouvement échappe à toute analyse et se produit par cette intuition spéciale qui constitue le génie scientifique.

Mais il faut bien remarquer que ces révélations scientifiques ne peuvent être valablement proposées et légitimement acceptées lorsqu'on ne les a pas soumises tout d'abord au rigoureux contrôle d'une exacte expérimentation. Sans cet indispensable examen, l'induction n'offrirait à l'esprit que des affirmations précipitées et téméraires, et les plus inconsistantes hypothèses se présenteraient sous l'apparence de vérités scientifiques.

Si la forme *inductive* conduit à découvrir les conditions générales des choses, les lois qui les régissent, la forme *déductive* est propre à vérifier et à établir la légitimité des assertions inductives. Il nous semble, en effet, qu'en analysant logiquement les conditions formelles de l'expérimentation scientifique, on peut reconnaître que cette opération reproduit l'argumentation syllogistique sous des formes matérielles et visibles. Ainsi les procédés syllogistiques et déductifs, impuissants à découvrir de nouvelles vérités, seraient en revanche éminemment propres à contrôler les résultats acquis, ainsi qu'à les produire d'une manière dogmatique et précise, pourvu que l'argumentation se poursuive avec rigueur et qu'on la dégage de tout élément fallacieux.

§ 3

L'objet perpétuel de notre intuition intelligible, tout en nous transmettant les forces actives et vivifiantes dont nous sentons incessamment la vertu souveraine, surpasse, rappelons-le, par son infinité, l'étendue limitée de nos facultés mentales, qui ne peuvent en saisir ni s'en représenter les éléments dans leur essence incompréhensible.

Nous avons montré que les formes qui coordonnent nos perceptions intuitives (les notions indéfinies, mais mesurables, d'*Espace*, de *Temps* et de *Mouvement*) nous offrent une *déduction*, accessible à notre connaissance, des idées absolues d'*Infinité*, d'*Éternité* et de *Force*. Nous avons ainsi des idées intermédiaires et *indéfinies*, qui s'interposent entre les attributs *infinis* de l'Essence divine et les conditions des existences *finies* perçues par notre intuition sensible.

Rappelons que ces *formes* de notre intuition fournissent à notre entendement un champ illimité dans les considérations mathématiques qui s'y rattachent, et qui s'expriment, sans aucune intervention d'éléments matériels, par la Géométrie, l'Algèbre et la Mécanique rationnelle ; et ces sciences, grâce à la simplicité de leur objet, offrent par la marche rigoureuse des raisonnements et par la certitude des démonstrations un Type absolu dont toute systématisation scientifique des autres objets de notre connaissance s'efforce de se rapprocher.

D'un autre côté, les Idées d'*unité*, de *permanence*, de *concordance* et de *causalité*, lois suprêmes de notre entendement, peuvent également être considérées comme la *déduction*, sous une forme *indéfinie* accessible à notre connaissance, de la *Vérité* absolue et *infinie*, Objet perpétuel de notre intuition intelligible auquel notre esprit limité ne pourrait rattacher directement les perceptions *finies* qui nous révèlent les existences phénoménales.

Les Idées de *Vérité*, de *Justice*, de *Réciprocité* et d'*Ordre*, source des lois de notre vie morale, qui imposent des règles fixes et absolues à nos volitions si diverses et si fugaces, se présentent également à notre esprit comme des formes *indéfinies*, *déduction* des attributs *infinis* de l'Essence divine, et c'est par elles que nous fixons et gouvernons les mouvements désordonnés et multiples de notre activité volontaire.

Ces lois, conçues dans leur essence, constituent notre personnalité en tant qu'Êtres intelligents; elles sont les conditions de l'exercice de la vie rationnelle, de la vie spécialement humaine. C'est par elles que la moralité humaine s'élève jusqu'à envisager l'ensemble des conditions phénoménales de notre existence, quelles qu'elles soient, comme une *matière* plus ou moins rebelle offerte à notre activité morale, pour qu'elle la façonne par un travail incessant, et qu'elle s'efforce d'en extraire une œuvre impérissable et vivante, exprimant le type divin de perfection idéale qui brille au fond de notre conscience.

Enfin la vivifiante influence de ces principes maintient et développe les associations humaines et assure le perfectionnement progressif de la vie collective, dans les limites des lumières et de la puissance de ces cercles sociaux.

Toutes ces *déductions*, compréhensibles à notre esprit, d'un *Objet* invisible à nos sens, impénétrable à notre pensée, constituent un ensemble de RÉVÉLATIONS qui expriment les conditions de la vie humaine, de la vie rationnelle et sociale. Elles lient notre existence phénoménale à l'Essence réelle et infinie ; elles sont la lumière de notre intelligence et la règle de notre vie pratique ; elles découvrent à nos yeux l'Ordre idéal dont nous sommes en devoir d'introduire l'image dans toutes les sphères de la vie sociale, et elles rattachent nos pensées, nos sentiments et nos actes à la Sagesse suprême dont ils émanent, et par laquelle ils subsistent.

Ces Lois révélatrices offrent à la Raison un champ indéfini pour ses nobles exercices ; elles constituent tout l'objet de la Philosophie, et c'est par leur méditation perpétuelle qu'on parvient à la connaissance des choses divines et humaines. Elles nous tracent une route lumineuse, où l'esprit humain marche d'un pas assuré entre les insondables profondeurs du mysticisme, où notre intelligence stupéfiée s'abîmerait dans une contemplation stérile, ou se livrerait aux pratiques d'un ascétisme insensé, et les gouffres du matérialisme, où notre imagination déréglée nous ravalerait jusqu'à l'infime condition des êtres irrationnels.

Enfin ces lois ne se découvrent pas à notre pensée par des discursions dialectiques et par un enchaînement de propositions logiques. Elles nous sont inhérentes et se montrent à notre esprit lorsque nous observons exactement les manifestations de la vie individuelle et sociale, et que nous en recueillons les caractères permanents et essentiels. Nous retrouvons ces caractères divins dans les manifestations de notre pensée, dans les expansions de notre puissance affective, dans les développements de la vie sociale et dans l'exercice de nos fonctions rationnelles, comme nous reconnaissons les lois physiques de la nature dans les organismes matériels et dans toutes les expansions de la vie universelle. Nous parvenons ainsi par la même voie, par les mêmes méthodes, à la connaissance des vérités philosophiques, comme à celle des vérités scientifiques.

§ 4

Quelques passages de la *Critique de la Raison pure* que nous allons reproduire achèveront de faire bien comprendre la méthode qui y a été suivie dans l'examen des plus hautes questions métaphysiques.

« Si l'on désigne », dit Kant, « sous le nom de *Thétique* tout
» ensemble de doctrines dogmatiques, j'entends par *Anti-*
» *thétique*, non les affirmations dogmatiques du contraire,
» mais le conflit qui s'élève entre des connaissances dogma-
» tiques en apparence, sans que l'une ait plus de titres que
» l'autre à notre assentiment. L'Antithétique ne s'occupe nul-
» lement d'assertions dirigées dans le même sens, mais elle se
» borne à envisager les connaissances générales de la Raison
» dans leur conflit et dans les causes de ce conflit... Lorsque
» nous ne nous bornons plus à appliquer notre raison à
» des objets de l'expérience, en nous servant des principes
» de l'entendement, mais que nous essayons de l'étendre
» au delà des bornes de cette expérience, *il en résulte des*
» *propositions dialectiques* qui n'ont ni confirmation à espé-
» rer, ni contradiction à craindre de l'expérience, et dont
» chacune non-seulement est par elle-même exempte de con-

» tradiction, mais même trouve dans la nature de la raison
» des conditions qui la rendent nécessaire ; MALHEUREUSEMENT
» L'ASSERTION CONTRAIRE NE REPOSE PAS SUR DES RAISONS MOINS
» BONNES ET MOINS NÉCESSAIRES... Ces assertions *captieuses*
» ouvrent donc une arène dialectique où la victoire appar-
» tient au parti auquel il est permis de prendre l'offensive,
» et où celui qui est forcé de se défendre est certain de suc-
» comber... *Juges impartiaux du combat, nous n'avons pas
» à chercher si c'est pour la bonne ou pour la mauvaise
» cause que luttent les combattants*, et nous devons les laisser
» d'abord terminer entre eux leur affaire. Peut-être qu'après
» avoir épuisé leurs forces les uns contre les autres, sans
» s'être fait aucune blessure, ils reconnaîtront la vanité de
» leur querelle et se sépareront bons amis. »

Remarquons-le bien, ce tableau de l'impuissance des dogmatismes contraires à défendre leurs assertions contradictoires n'est aucunement présenté par Kant comme la conséquence de la limitation et de l'incompétence de notre entendement pour résoudre des questions qui en dépassent la portée. Il affirme au contraire que la Raison est appelée par une force invincible à agiter perpétuellement ces insolubles problèmes, mais il la condamne en même temps à ne saisir que de vains fantômes qui s'évanouissent au premier souffle de la contradiction.

Ainsi la Raison, *cette lumière véritable qui éclaire tout homme venant en ce monde*, fournirait indifféremment des arguments contraires sur les objets de nos plus essentielles croyances. Tantôt elle essayera de prouver la spiritualité et l'immortalité de notre âme, tantôt elle ne verra en nous que le simple jeu de nos organes matériels ; tantôt elle nous présentera le Monde comme l'œuvre de Dieu, toute resplendissante de la lumière de son divin auteur, tantôt elle y verra la rencontre fortuite des atomes, ou le produit d'une fatalité inconsciente et aveugle ; tantôt elle se prosternera devant le Dieu vivant, source infinie d'Amour, de Vérité et de Justice, tantôt elle nous représentera le Néant comme la dernière et la plus haute conception de l'esprit, et l'anéantissement universel comme le but final de toutes les choses.

C'est au surplus une étrange illusion que de voir dans la lutte des doctrines d'indifférentes discussions, prenant fin par la lassitude des contradicteurs qui se retireraient de leur long combat sans aucune blessure. Nous ne savons que trop ce que coûte de sang et de larmes le conflit perpétuel des doctrines ! Et la Philosophie serait un jeu de l'esprit à la fois inhumain et dérisoire, si l'homme n'avait pas la ferme confiance d'arriver par elle à la connaissance de la Vérité, et à la conciliation des esprits.

Par les fonctions purement dialectiques qu'il a assignées à la Raison, par le rôle qu'il a attribué au philosophe appelé à en juger impassiblement les inévitables écarts, Kant nous reporte aux leçons de ces sophistes de la Grèce qui usaient des ressources d'une Dialectique raffinée, non pour rechercher la Vérité, et pour asseoir sur de fermes bases le système de nos connaissances, mais pour aiguiser l'esprit de leurs disciples, et les façonner à défendre indifféremment les thèses les plus opposées. Les pages du divin Platon nous montrent Socrate confondant ces esprits malfaisants et orgueilleux, en faisant jaillir du fond de la conscience ces éternels principes, inhérents à l'âme humaine, dont la vive lumière effaçait à l'instant les fausses lueurs des tristes et insidieuses argumentations de ses adversaires.

§ 5

Kant a intitulé *Paralogismes de la Raison pure* la section de la *Critique de la Raison pure* dans laquelle il discute le problème *psychologique*, à savoir, l'examen de la question touchant l'âme humaine, et sa personnalité substantielle. Il y conclut à l'impossibilité d'établir une psychologie rationnelle, parce qu'aucune réalité objective ne correspond, suivant lui, aux concepts psychologiques. Ces concepts dépassant les sens et l'expérience matérielle ne pouvaient être regardés par lui que comme des formes vides et sans réalité, puisqu'il avait renfermé dans l'intuition sensible tous les éléments de notre connaissance.

Kant avait déjà rejeté, comme nous l'avons vu, la notion de *substance*, et ne l'avait considérée que comme un simple concept logique, parce que, disait-il, rien n'y correspond dans les existences phénoménales et sensibles. Mais dans la discussion présente il se demande si l'âme humaine ne pourrait pas être exceptée de ce rejet général de la notion de *substance*, et si la conscience que nous avons de l'unité de notre sentiment nous permettrait d'attribuer à notre âme une réalité substantielle. Nous avons, dit-il, dans le *je pense* l'intuition immédiate de cette unité; nous y rattachons toute la série de ses prédicats, mais *notre raisonnement peut-il nous procurer la preuve de cette unité substantielle?* S'il en était ainsi, nous pourrions obtenir une doctrine spiritualiste, car on prouverait :

1° Que l'âme est une *substance*;
2° Qu'elle est *simple*;

3° Qu'elle est numériquement identique, c'est-à-dire qu'elle est une *unité*.

4° Qu'elle est le seul élément réel de notre connaissance, et que l'existence des autres objets est douteuse.

Remarquons d'abord, à propos de ce quatrième terme, que les doctrines spiritualistes repoussent cette dernière conclusion, mais il en est autrement dans le développement logique des idées de Kant : en reconnaissant hypothétiquement, et par exception, à l'âme humaine une réalité substantielle refusée aux choses avec lesquelles elle est en rapport, l'existence de ces choses dériverait de la substance qui la perçoit, et apparaîtrait nécessairement comme douteuse.

Après avoir montré de cette façon les conséquences qu'emporterait l'attribution à l'âme humaine du principe substantiel, et poursuivant sa discussion, il traite de raisonnements fallacieux (en oubliant l'usage si fréquent qu'il a fait lui-même de ces démonstrations erronées) toutes les argumentations qui tendent à établir cette attribution, et à constituer une doctrine spiritualiste. Dans tout raisonnement, dit-il, employé à cet effet, après avoir posé la substance, on passe nécessairement à des objets de l'ordre phénoménal, car toute détermination de la substance ne peut s'exprimer que par des termes se rapportant aux phénomènes matériels et à l'intuition sensible. Les raisonnements de ce genre pèchent donc par la forme, et doivent s'appeler *Sophismata figuræ dictionis*.

Rien de plus exact que ces observations, et c'est sur ce vice originel et fondamental du syllogisme, que nous nous sommes fondé pour repousser l'autorité et la compétence de l'argumentation dialectique dans l'établissement des vérités philosophiques. Le monde se présente à nos yeux comme le développement perpétuel des *essences* intelligibles dans les *existences* phénoménales et sensibles ; c'est ce double aspect que nous offrent tous les objets de notre connaissance, et dont témoigne à chaque instant l'emploi le plus habituel et le plus vulgaire du langage, qui nous montre perpétuellement l'attribution à un *sujet* substantiel invisible (substantif) de toute une série de prédicats exprimant des phénomènes sensibles (adjectifs). Ainsi, comme nous nous sommes déjà efforcé de le montrer, d'une part, toute proposition nous offre nécessairement le rapprochement de ces deux éléments si divers de notre connaissance, et de l'autre, il est absolument impossible de lier ces deux éléments par une *copule* logique.

Kant a donc commis dans cette discussion une erreur des plus graves, en demandant au raisonnement *de nous procurer une preuve* de cette unité substantielle (dont la réalité se manifestait à lui avec tant d'évidence), pendant qu'il établissait lui-même l'incompétence absolue du raisonnement à cet égard.

Poursuivons cette importante discussion :

« L'analyse de la conscience de *moi-même* (dit Kant),
» dans la pensée en général, ne me fait pas faire le moindre
» pas dans la conscience de moi-même, comme *objet*. C'est
» à tort que l'on prend un développement logique de la
» pensée en général pour une démonstration métaphysique
» de l'objet. »

Nous pensons que l'unité de la Personne humaine résulte avec évidence d'une pareille analyse qui pourra même nous conduire à reconnaître *dans la pensée en général* un principe encore supérieur.

Kant affirme que la conscience que nous avons de notre pensée ne nous autorise pas à l'attribuer à un Objet, à une

Personne d'où elle procède. Avancer une semblable proposition, c'est pousser l'Idéalisme jusqu'à ses plus extrêmes limites, car c'est nier un fait intérieur qui se produit en nous à chaque instant, que de contester la légitimité de l'attribution à notre Personne des manifestations de son activité mentale.

L'acte de la pensée se produit dans notre âme par un double mouvement : un mouvement intuitif (*objectif*) par lequel se produit la pensée (νόησις), un mouvement discursif (*subjectif*), par lequel notre entendement la recueille et se l'assimile (διανόησις), et ce mouvement alternatif constitue la vie de notre intelligence. En considérant attentivement cette action et cette réaction perpétuelles dont notre conscience est le théâtre, on sera porté à y reconnaître, d'une part, un principe supérieur et universel qui révèle et impose, et, de l'autre, un entendement personnel et restreint qui conçoit et s'assimile. En effet, n'avons-nous pas perpétuellement en nous-mêmes un Précepteur et un disciple, un Juge et un accusé? Tout le développement de notre vie intime, tant sous le rapport intellectuel que sous le rapport moral, ne dépend-il pas de ce dialogue toujours renouvelé? Ces deux éléments ne viennent-ils pas se confondre à chaque instant dans l'unité de notre conscience?

C'est donc de la part de Kant une bien audacieuse tentative que de nier à notre âme le droit de s'attribuer ses propres pensées. Mais les efforts des sophistes se sont-ils jamais arrêtés devant les plus fermes affirmations du sens commun?

L'analyse proposée par Kant dans le passage que nous venons de citer (et à laquelle il n'a eu garde de procéder) ne peut résulter que d'une exacte observation des faits ; or cette observation nous fait apercevoir dans notre conscience l'action simultanée de deux expansions diverses de notre puissance mentale se concentrant toutes deux dans une attribution unique à l'Unité de notre principe substantiel et vital.

Kant reproduit sa pensée sous une autre forme dans le passage que nous allons analyser :

C'est sur le concept ou sur le jugement : *je pense*, que se fondent tous les arguments par lesquels on essaye d'établir une Psychologie rationnelle ; mais cette proposition *je pense* contient déjà deux éléments fort distincts : la notion d'un *moi* révélé par la conscience comme objet substantiel, et la détermination de ce *moi* comme sujet pensant. Or l'acte de la pensée est successif et variable dans ses déterminations ; il appartient à l'ordre phénoménal, et est conséquemment un prédicat empirique. Ainsi nous avons, d'une part, une notion transcendantale, celle du *moi*, à laquelle ne correspond aucun objet réel, *puisque cette notion dépasse l'expérience, source unique de toute réalité objective*, et, d'autre part, un simple prédicat empirique dans la détermination du *moi* exerçant l'acte de penser.

En dernière analyse, notre *moi* a beau nous être attesté (de l'aveu même de Kant) par notre conscience ; c'est pour notre philosophe une notion qui dépasse l'expérience sensible, donc elle est privée de tout fondement réel, et la philosophie critique la tient pour illusoire !

Descartes fondant toute sa Métaphysique sur la proposition : *cogito, ergo sum ;* saint Augustin disant (1) *sine ulla phantasiarum, vel phantasmatum imaginatione ludifica-*

---

(1) S. Aug. *De Civitate Dei*, XI, 16.

toria, mihi esse me, idque nosse et amare, certissimum est, croyaient fermement que la réalité des choses correspondait au sentiment intime de la conscience, et ils ne pensaient pas avoir besoin de chercher dans un cercle sans issue de raisonnements logiques la preuve de la Réalité de la Personne humaine; ils la retrouvaient dans la conscience de cette *pensée* qui correspond à toutes les manifestations de notre activité, et dans laquelle se résume cette vie rationnelle qui constitue particulièrement l'être humain.

Ce sentiment de notre personnalité est confirmé à chaque instant par les mouvements de la pensée, par les revendications de la conscience, ainsi que par l'accord des actes qui maintiennent entre les êtres intelligents un commerce perpétuel. Quelle gymnastique d'un entendement privé de l'intuition supérieure, et repoussant obstinément toute *legem veri rectique* pourrait balancer cet accord harmonieux de nos facultés manifestant avec tant d'évidence le principe hégémonique qui en détermine l'exercice?

Devons-nous admettre que ces facultés concordantes ne soient qu'un ensemble d'instruments fallacieux faits pour nous entretenir dans de perpétuelles illusions? Devrons-nous, avec le genre humain, adorer la Raison divine qui illumine nos pensées et dirige nos actions, ou bien nous faudra-t-il, avec un petit nombre d'audacieux sophistes, détournant d'elle nos regards, nous considérer comme un organisme matériel dont les éléments fortuitement assemblés agiraient sans but, poussés par une force aveugle à éveiller en nous des séries incohérentes de visions fantastiques?

Mais nous nous sentons sur un terrain solide lorsque nous affirmons l'unité, la permanence, la personnalité, la responsabilité de ce *moi*, de ce principe immatériel que nous distinguons de tout ce qui excite nos perceptions sensibles, et qui est la source de nos sentiments, de nos pensées et de nos actes.

Ce sont nos facultés elles-mêmes et leur exercice qui manifestent par leur accord l'unité substantielle qui les anime, et ce n'est pas à notre entendement et à ses déductions que nous demanderons de fournir la preuve de cette Réalité dont il procède, et dont il est lui-même la visible expression.

Kant a voulu justifier sa doctrine en déclarant avoir eu pour but de repousser les conclusions inadmissibles d'un dogmatisme téméraire. Mais pour contenir les écarts des Dogmatistes, il lui eût suffi de montrer les limites infranchissables imposées à notre intelligence, et l'impossibilité dans laquelle nous sommes d'appliquer à l'étude des problèmes métaphysiques des notions figuratives et des concepts déterminés. Or il s'est écarté entièrement de la voie philosophique en employant exclusivement dans ses démonstrations les procédés logiques de cette Raison discursive dont il avait proclamé lui-même l'impuissance. Il ne pouvait lui échapper qu'il allait établir un complet ensemble de négations, et qu'il construisait une catapulte dialectique devant renverser les fondements des croyances universelles. Les effets de sa destructive *Critique* ne se sont pas arrêtés, comme nous l'avons montré, au renversement des principes que nous révèle l'intuition intelligible ; ils se sont étendus aux objets de l'intuition sensible elle-même, et toute réalité des perceptions phénoménales a disparu en même temps que celle de nos intuitions substantielles, malgré la subtilité des arguments qu'il a entassés pour prouver la légitimité de l'expérience, et réfuter les négations de l'Idéalisme.

La Doctrine critique a fait ainsi évanouir les choses corporelles, en même temps que les éléments spirituels, et elle nous a relégués dans un monde fantastique où se succèdent incessamment de vaines apparences et des ombres insaisissables, semblables à l'image d'Anchyse qui s'offrait aux regards d'Enée :

« *Par levibus ventis, volucrique simillima somno.* »

Les paroles suivantes de Kant, qui ferment sa discussion sur les *Paralogismes,* nous semblent particulièrement dignes de remarque :

« Ainsi se résout en une attente illusoire une connais-
» sance que l'on cherche en dehors des limites de l'expé-
» rience possible, en la demandant à la philosophie spé-
» culative, et qui pourtant intéresse au plus haut point
» l'humanité. Mais qu'on ne s'écrie point contre cette sévérité
» de la critique : en même temps qu'elle démontre l'impos-
» sibilité de décider dogmatiquement quelque chose en de-
» hors des limites de l'expérience, touchant un objet de
» l'expérience, elle rend à la raison un service qui n'est pas
» sans importance pour l'intérêt qui la préoccupe, en la ras-
» surant contre toutes les assertions possibles du contraire.
» De deux choses l'une en effet : ou bien on démontre apo-
» dictiquement sa proposition, ou bien, si cela ne réussit
» pas, on cherche les causes de cette impuissance. Or si ces
» causes résident dans les bornes nécessaires de notre rai-
» son, il faut que tout adversaire se soumette également à la
» loi qui lui ordonne de renoncer à toute affirmation dog-
» matique. »

Il avait dit auparavant :

« La psychologie rationnelle n'existe donc pas comme *doc-*

» *trine* ajoutant quelque chose à la connaissance de nous-
» mêmes. Mais comme *discipline*, elle fixe dans ce champ
» des bornes infranchissables à la raison spéculative : elle
» l'empêche, d'une part, de se jeter dans l'abîme d'un maté-
» rialisme sans âme, et, d'autre part, de se perdre dans les
» rêves d'un spiritualisme sans fondement pour nous dans
» la vie. Dans ce refus de toute réponse opposé par la raison
» aux questions ambitieuses dont l'objet sort des limites de
» cette vie, elle nous montre un signe qui nous avertit de
» détourner notre étude de nous-mêmes de la spéculation
» transcendantale, qui est oiseuse, pour l'appliquer à l'usage
» pratique qui seul est fécond. »

Kant nous convie donc ainsi à tirer un *usage pratique* de ces mêmes principes qu'il a détruits avec un impitoyable acharnement. Mais cet usage pratique, découronné de tout principe théorique, ne s'appuiera que sur un ensemble incomplet de *préceptes* arbitraires, que chacun pourra altérer à sa guise, privés qu'ils sont des *dogmes* théoriques qui leur correspondent, et d'où ils puissent dériver leur autorité. Comment tirer en effet d'ailleurs que de raisons spéculatives, de lois nécessaires et immuables, des règles pour la conduite pratique de la vie? Mais nous aurons plus tard à revenir sur cette grave question.

CHAPITRE X

DES IDÉES COSMOLOGIQUES ET DE L'ANTINOMIE DE LA RAISON PURE.

Kant établit que les questions cosmologiques proposées par la Raison sont au nombre de quatre, à savoir : 1° Le Monde a-t-il eu, ou non, un commencement? 2° Les éléments qui le constituent sont-ils simples ou composés? 3° Est-il soumis à des lois nécessaires qui lui soient inhérentes, ou est-il gouverné par une intelligence libre, agissant en vertu de sa propre spontanéité? 4° Y a-t-il, ou non, dans le monde, ou hors du monde, un Être absolument nécessaire, et qui en soit la cause?

Kant n'admet pas que l'on puisse s'élever au-dessus de l'expérience pour répondre à ces diverses interrogations. C'est dans l'expérience que se trouve, dit-il, la synthèse absolue de l'ensemble des phénomènes, et l'expérience peut seule fournir ce concept synthétique. Cependant ce concept en lui-même, tel que le présente la Raison, dépasse la portée de l'expérience dont les données ne sauraient correspondre et coïncider avec les conditions de ce concept. Il résulte de l'impossibilité de cette coïncidence, que les déductions de l'idée cosmologique se trouveront trop grandes ou trop petites, par rapport aux données de l'expérience. Kant conclut en ces termes : « L'idée cosmologique est donc absolument » vide et dénuée de sens, puisque l'Objet ne s'y adapte pas.

» Tel est réellement le cas de tous les concepts cosmologi-
» ques; aussi jettent-ils la raison dans une véritable anti-
» nomie. »

Rappelons que Kant a désigné notre faculté mentale sous deux dénominations différentes, l'appelant *entendement* quand elle s'applique aux objets de l'expérience, et *Raison* lorsque généralisant les concepts de l'entendement, elle vient à s'étendre au delà de l'intuition sensible et de l'expérience.

Nous avons vu que pour Kant les catégories et les principes fondamentaux sur lesquels elles s'appuient ne sont valables que pour l'expérience. Selon lui, notre intelligence s'en sert à bon droit quand elle se renferme dans les fonctions assignées par lui à notre entendement, mais l'usage en devient illégitime quand on les applique aux questions qui se rapportent au fondement de cette expérience elle-même. Les lois de notre faculté mentale ne lui seraient donc pas inhérentes, et ne pourraient la suivre dans tout son développement; nous ne devons pas, d'après les enseignements de la doctrine critique, les considérer comme les conditions nécessaires de l'exercice de nos fonctions intellectuelles, dès que nous entreprenons de dépasser le cercle de l'intuition matérielle; c'est alors pour nous un strict devoir de résister à cet incessant appel de la Raison qui nous convie à déployer les ailes de notre pensée, et il nous faut nous résigner à ramper humblement sur la terre, sans jamais élever nos regards vers la voûte céleste.

Mais en restreignant ainsi l'usage des catégories aux objets de l'intuition sensible, Kant en a également détruit l'autorité jusque dans la sphère attribuée par lui à leur exercice. Il ne les a pas admises comme des lois véritables, déterminant les conditions nécessaires de l'exercice de notre pensée, mais comme de simples divisions distributives dans lesquelles il a rangé arbitrairement nos concepts. Notre connaissance demeure ainsi dépourvue de tout élément intrinsèque de cohésion et d'ordination, et elle apparaît comme un ensemble de conceptions fortuites, qui ne correspondent ni avec le sujet qui les conçoit, ni avec l'objet qu'elles nous représentent.

En dépit de tous les efforts de dialectique par lesquels Kant a voulu trancher en deux parts l'unité de notre intelligence, selon les divers objets qu'elle considère, et attribuer à l'une des principes et des lois qu'il refusait à l'autre, cette distinction qui contredit les affirmations de notre sens intime ne résiste pas au plus léger examen. En conséquence, si nous admettons avec notre philosophe que notre faculté mentale n'est point soumise à des lois qui en règlent intrinsèquement l'exercice; si avec lui nous substituons à ces lois une simple nomenclature distributive de nos concepts, valable seulement pour ceux d'entre eux qui se rapportent à nos intuitions sensibles, c'en est fait de notre connaissance qui disparaît et s'abîme; toute liaison réelle de nos concepts nous devient impossible, et nous demeurons au milieu de représentations discordantes, sans pouvoir valablement ni obtenir des conclusions, ni former des jugements. Si, au contraire, nous considérons notre intelligence comme une indécomposable unité, si nous y reconnaissons des lois qui en déterminent fonctionnellement l'exercice, nous étendons ces lois à tous les objets de notre pensée, et, nous prévalant de ces principes de substantialité, de concordance et de causalité, bases et conditions nécessaires du développement de notre connaissance, nous nous sentons en droit de rattacher les données conditionnelles et contingentes de notre intuition sensible à leur cause inconditionnelle et nécessaire.

Dès lors cesse pour nous la nécessité d'assister impassibles au douloureux spectacle de *cette scène de déchirement et de discorde* que présentait à la sombre imagination de Kant la lutte inévitable de notre Raison avec elle-même, et la Raison, au lieu de nous offrir la triste image de cette perpétuelle automachie, se montre une et concordante dans ses affirmations, telle qu'elle se manifeste dans les développements naturels de l'esprit humain.

Les paroles qui suivent (1) préciseront mieux encore la pensée de Kant à l'égard du conflit contradictoire auquel donnent lieu, suivant lui, les idées cosmologiques :

« La querelle ne serait pas encore terminée (celle des as-
» sertions cosmologiques), par cela seul qu'on leur aurait
» prouvé que l'une d'elles ou que toutes les deux ont tort
» (dans la conclusion) dans la chose même qu'elles affirment,
» sans pouvoir l'appuyer sur des arguments valables. Il
» semble cependant qu'il n'y ait rien de plus que ceci : de
» deux assertions dont l'une soutient que le monde a un
» commencement, et l'autre qu'il n'en a pas, et qu'il existe
» de toute éternité, il faut nécessairement que l'une ait rai-
» son contre l'autre. Mais aussi, comme la clarté est égale
» des deux côtés, il est impossible de décider jamais de quel
» côté est le droit, et la querelle continue après comme
» avant, bien que les parties aient été renvoyées dos à dos
» par le tribunal de la Raison. Il ne reste donc qu'un moyen
» de terminer le procès une bonne fois, et à la satisfaction

---

(1) *Critique de la Raison pure*, liv. II, chap. II, sect. 7.

» des deux parties, c'est de les convaincre que, si elles peu-
» vent si bien se réfuter l'une et l'autre, c'est qu'elles se dis-
» putent pour rien, et qu'une certaine apparence transcen-
» dantale leur a représenté une réalité là où il n'y en a
» aucune. »

Il est à remarquer que dans les lignes qui précèdent l'insolubilité des problèmes cosmologiques n'est attribuée ni au vice de la méthode suivie dans la discussion de ces problèmes, ni à notre impuissance intrinsèque d'en atteindre la solution ; c'est la réalité même de l'objet de nos recherches qui vient tout à coup à s'évanouir, et ceux qui se sont longtemps acharnés à produire dans cet important débat des affirmations opposées se trouvent avoir combattu pour une vaine chimère.

Cependant l'objet de ce débat n'avait point disparu, et il n'était aucunement chimérique.

Une véritable et sérieuse investigation philosophique eût dû tout d'abord bien déterminer la question proposée, puis reconnaître dans quelles limites elle pouvait être perçue par notre connaissance, et quel était le point où devait s'arrêter à cet égard notre recherche. Il y avait à montrer que notre intelligence pouvait concevoir pour la série des existences actuellement perceptibles à nos sens un commencement nécessaire, mais qu'elle était impuissante à établir un lien génésiaque quelconque entre les chose substantielles et leurs manifestations extérieures ; que toute conception par laquelle on tente de déterminer le mode dont s'opère le développement d'un objet essentiel intelligible dans les conditions matérielles et visibles de son existence, excède la puissance de notre esprit, et que nous essayons vainement de pénétrer cette action mystérieuse par les combinaisons du raisonnement, ou par les efforts de l'imagination. Il fallait rappeler que tant le raisonnement que l'imagination ne pouvaient que rassembler, sous des formes diverses, les représentations des perceptions sensibles, incapables d'offrir l'explication d'une chose qui les dépasse infiniment ; que l'un en resserrant ces représentations sous une forme déductive, l'autre en les offrant à la pensée d'une manière brillante et colorée, nous égaraient également, sans nous fournir aucune lumière pour expliquer cet insoluble problème.

Ainsi le rôle de la Raison n'est point celui que Kant lui assigne ; il ne consiste pas à assumer indifféremment des propositions contraires, les unes exprimant des intuitions immatérielles, les autres signifiant des perceptions sensibles, et à s'efforcer d'obtenir par une copule logique l'impossible liaison des deux ordres de notre connaissance. Ce rôle consiste à reconnaître exactement les deux ordres de notre intuition, à y appliquer nos facultés mentales dans les limites qui leur appartiennent, sans détourner nos fonctions discursives de l'emploi qu'il leur est donné de remplir, ni permettre à notre imagination de substituer de vaines figurations à des concepts auxquels nous ne pouvons atteindre.

La tâche difficile que nous n'avons pas craint de nous imposer, nous oblige à suivre pas à pas les principales discussions développées par Kant dans l'exposition de sa doctrine, à les résumer avec exactitude, et à nous efforcer de montrer le vice de sa méthode et l'incompétence de ses principes. Or cette méthode et ces principes se retrouvent avec leurs conséquences nécessaires dans toutes les parties de son enseignement, et chaque discussion nouvelle ramène nécessairement le rappel des points essentiels déjà combattus dans les discussions précédentes. On ne saurait donc échapper dans un semblable travail à de fastidieuses répétitions, qui seraient inadmissibles dans une lecture de pur agrément, mais qui méritent d'être indulgemment supportées dans un sujet aussi sévère que celui que nous avons entrepris de traiter. Nous hasardons cette observation avant de commencer l'exposition des *Antinomies*, où les mêmes principes et les mêmes procédés se reproduisent à plusieurs reprises dans des questions qui, sous des formes diverses, se rapportent toujours à un problème identique.

CHAPITRE XI

DES ANTINOMIES DE LA RAISON PURE.

§ 1er

L'examen des *Antinomies* nous fera pénétrer plus avant dans la pensée qui a inspiré la *Critique de la Raison pure*, et en montrera plus clairement les conséquences doctrinales et pratiques.

La première Antinomie discutée par Kant est celle qui se produit dans la discussion relative au commencement du Monde, à savoir, lorsqu'on recherche si le monde a eu ou non un commencement. Elle roule principalement sur les idées de *totalité* et d'*infini*, et sur la signification précise qu'il convient de leur attribuer.

La Thèse s'efforce de démontrer que le Monde est une *totalité*, et que cette totalité est *finie*. L'argumentation n'y procède pas par une démonstration directe de la proposition affirmée, mais bien par la réfutation de la proposition contraire. On montre que l'hypothèse d'un monde n'ayant pas eu de commencement implique une série infinie d'états successifs des choses du monde. L'infinité d'une série consiste précisément en ce que cette série ne peut jamais être achevée dans une synthèse successive ; donc une série infinie écoulée dans le monde est impossible, et par conséquent un commencement du monde est une condition nécessaire de son existence. On expose en outre qu'un agrégat infini de choses réelles ne peut être considéré comme un *tout* donné, ni par conséquent comme donné en même temps, et l'on conclut que le monde n'est pas *infini* quant à son étendue dans l'espace, et qu'il est renfermé dans des limites.

L'Antithèse concluant à la négation d'un commencement du Monde se fonde sur l'impossibilité d'assigner à l'ensemble des phénomènes des limites extérieures de temps et d'espace. Le commencement est une existence précédée d'un temps antérieur à cette existence, c'est-à-dire d'un temps vide. Dans un temps vide il n'y a pas de naissance possible ; donc il peut y avoir dans ce monde des séries de choses qui commencent, mais le monde lui-même ne saurait avoir de commencement, et il est infini par rapport au temps écoulé. Un monde fini et limité se trouverait placé dans un espace vide et sans limite. Or le monde est un *tout* absolu, sans aucun objet qui lui soit corrélatif ; il n'est donc pas limité dans l'espace, et il est par conséquent infini en étendue.

Kant après cette exposition d'arguments contraires, combat la thèse en montrant qu'il est impossible de concevoir une synthèse constituant une série complète des choses, et partant d'aboutir à une *totalité* qui ne peut être que la représentation d'une synthèse complète, impossible à établir. Il passe de là à la réfutation de l'antithèse ; il expose que l'*espace* n'étant que la *forme* de l'intuition extérieure, n'est point par lui-même un objet réel ; que les choses, comme phénomènes, déterminent bien l'espace, mais que l'espace ne peut pas réciproquement déterminer la réalité des choses, comme s'il existait par lui même. Un espace peut bien être borné par des phénomènes, mais des phénomènes ne peuvent pas être bornés par un espace vide en dehors d'eux. Il en est de même du *temps*. L'espace vide en dehors du monde et le temps vide avant le monde sont donc deux non-êtres auxquels on attribue nécessairement une existence réelle, dès que l'on admet une limite du monde, soit dans l'espace, soit dans le temps.

Kant résout ainsi négativement la question du commencement du monde, bien qu'il eût déclaré auparavant également fausses les deux propositions, la négative aussi bien que l'affirmative.

Cette discussion donne lieu, à notre sens, à d'importantes observations.

Et d'abord la question du commencement du monde, pas plus que toutes les questions initiales, n'est du ressort de la discussion philosophique. Sur quoi peut s'appuyer l'esprit humain pour argumenter au sujet de l'origine des choses ? Comment notre intelligence finie pourrait-elle comprendre l'acte par lequel les existences se dégagent du principe essentiel et infini dont elles émanent ? Les objets de notre intuition intelligible pourraient seuls nous éclairer sur ces questions initiales, mais nous ne pouvons ni comprendre, ni analyser ces notions supérieures, et toute détermination à leur égard nous est refusée par les conditions mêmes de notre pensée et de notre langage, qui ne s'expriment que par des images fournies par les choses matérielles et sensibles. Les hypothèses que nous hasardons sur des questions de cette nature n'offrent donc à notre esprit que des représentations physiques, incompatibles avec un ordre de choses qui leur est supérieur, et ne peut s'y rapporter en aucune façon.

Il était donc inutile d'entreprendre la discussion d'un problème aussi manifestement insoluble. Que pouvaient valoir en effet ces concepts hypothétiques et cette argumentation dialectique, roulant sur de simples dénominations mal définies et appliquées tour à tour à des notions fort différentes et le plus souvent opposées?

Cette discussion roule principalement sur les notions de *temps*, d'*espace*, d'*infini* et de *totalité*. Le temps et l'espace y sont pris dans des acceptions très-diverses, tantôt abusivement, comme des entités matérielles, tantôt plus exactement comme les concepts régulateurs de la succession et de la contiguïté des phénomènes. La notion d'*infini* y est également présentée dans un sens toujours inexact. En effet, dans le langage philosophique, la dénomination d'*infini* doit s'appliquer à un objet illimité, mais absolu et indivisible, et cette idée offre un sens très-différent de celle d'une quantité, d'une grandeur, illimitées et indéfinies, mais susceptibles d'augmentation, de diminution, de composition et de division. Le monde des existences, l'ensemble des phénomènes sensibles, ne présente à l'esprit aucune chose qui ne soit susceptible d'une division ultérieure et indéfinie. Mais cet *indéfini*, que la pensée conçoit comme le terme sans limites des divisions qu'elle peut opérer, ne doit pas être confondu avec l'*infini* vivant et réel, dont nous avons en nous-mêmes l'intuition immédiate, et qui ne saurait en aucune façon s'appliquer aux objets de notre intuition sensible, ni être déterminé par nos discursions logiques. Dans les discussions que nous venons d'analyser, ces deux notions si différentes d'*infini* et d'*indéfini* se trouvent sans cesse confondues, et cette confusion vicie essentiellement les raisonnements dans lesquels on les fait intervenir. Il n'était pas permis de confondre ces notions dont la différence n'avait pas échappé aux scolastiques, et qui avaient été si nettement distinguées par Descartes, Spinoza, Leibnitz et Vico.

La dénomination de *totalité* peut se rapporter à des concepts très-différents : l'un signifiant une unité réelle dont les parties ont entre elles un rapport nécessaire, et remplissent le rôle de fonctions actives qui se correspondent et concourent ensemble à une fin commune; l'autre, dénotant une synthèse artificielle, une agrégation d'éléments indépendants et divers, réunis entre eux sous une notion générale par un simple acte de l'esprit. Nous avons une notion purement agrégative lorsque nous réunissons sous un même concept les objets qui ne sont pas doués d'un vie commune, et dont les parties ne coexistent pas en vertu d'une liaison organique. Ainsi le tronc, les branches et les feuilles d'un arbre en possession de sa vitalité nous offrent dans leur ensemble une *totalité* vivante; que cet arbre soit abattu, l'ensemble de ses parties ne nous offrira plus qu'un *agrégat* que nous pouvons restreindre ou élargir à notre gré, selon qu'il nous plaira d'y comprendre toutes ses parties, ou bien une portion plus ou moins grande d'entre elles, et auxquelles nous pouvons même ajouter des choses absolument diverses, sans troubler en rien le concept agrégatif qui les résume. Or ces deux concepts si différents, improprement désignés par une même appellation, se trouvent confondus dans cette discussion.

Il est remarquable que dans l'exposition de cette antinomie Kant ait été amené à repousser ce concept de *totalité* quand il est appliqué à l'ensemble des phénomènes, au Monde, et à lui contester toute réalité, comme ne correspondant à aucun objet, pendant que ce même concept avait été admis par lui comme un des principes catégoriques qui règlent et déterminent l'expérience. S'il est illégitime d'appliquer le concept de *totalité* à l'ensemble des phénomènes, comme ne correspondant à aucune réalité extérieure et sensible, comment serions-nous autorisés à appliquer ce concept à un groupe quelconque de ces phénomènes? Dans l'un et dans l'autre cas ce concept de *totalité* n'est-il pas essentiellement *intellectuel*, et ne dépasse-t-il pas par sa nature toutes les données de l'expérience? La valeur intrinsèque du concept ne change aucunement parce qu'on l'applique, d'une part, à l'universalité des phénomènes, de l'autre, à un certain nombre d'entre eux.

Ainsi, lorsque Kant conteste la validité du concept de *totalité* appliqué à l'ensemble des phénomènes, au Monde, comme dépassant l'expérience, il vient à en dénier du même coup, et par une conséquence nécessaire, toutes les applications quelconques dans le champ de l'expérience. Tout groupement de phénomènes cesse d'être légitime, et dès lors l'expérience n'est plus possible, car si ces phénomènes demeuraient isolés, la pensée ne pourrait point les saisir.

Cependant, quoi qu'en veuille dire notre philosophe, le concept de *totalité* représente une évidente réalité, car il se réfère au principe vital qui anime tous les phénomènes dans leurs moindres divisions, comme dans leur incommensurable ensemble. Ce principe vital, ce souffle divin, se manifestant sous des formes diverses, détermine à la fois les conditions de la vie particulière des divers groupes de phénomènes, et de la vie générale qui circule dans l'universalité des existences. Partout les fonctions organiques se correspondent, partout elles accomplissent simultanément et l'œuvre particulière qui se rapporte aux conditions spéciales de leur existence propre, et l'œuvre commune à laquelle concourt l'ensemble de toutes les forces vitales.

Kant est tombé dans une de ces contradictions qui lui sont habituelles en admettant et en repoussant tour à tour le concept de *totalité*, selon l'étendue plus ou moins grande de son application. Il lui avait fallu y recourir pour soutenir sa thèse de la possibilité de l'expérience; mais, si l'on y regarde de près, on se convaincra que la notion de *totalité* n'avait point été considérée par lui comme exprimant la liaison intrinsèque des phénomènes, mais seulement comme un concept signifiant l'agrégation logique qu'en opère la pensée. Tel est le caractère général de sa doctrine : là où le sens commun de l'humanité reconnaît la vie et l'ordre qui brille dans toutes les manifestations de la force vitale, Kant n'aperçoit qu'un ensemble de concepts abstraits liés entre eux par des rapports logiques.

Il résume d'ailleurs cette discussion par des paroles où se montrent les extrêmes conséquences de sa doctrine (1) :

« On peut aussi tirer de cette antinomie une véritable uti-
» lité, non pas sans doute dogmatique, mais critique et
» doctrinale. Je veux parler de l'avantage de démontrer in-
» directement par ce moyen l'*idéalité transcendantale* des
» phénomènes... Cette démonstration consisterait dans ce
» dilemme : si le monde est un *tout* existant en soi, il est ou
» *fini* ou *infini*. Or ces assertions sont toutes deux fausses...
» Il est donc faux aussi que le monde (l'ensemble de tous les
» phénomènes) soit un tout existant en soi. D'où il suit par

---

(1) *Crit. de la Raison pure*, dialect. transcend., ch. II, 7ᵉ section.

» conséquent que *les phénomènes, en général, ne sont rien
» en dehors de nos représentations, et c'est précisément ce
» que nous voulions dire, en parlant de leur idéalité trans-
» cendantale.* »

Cependant il n'en est pas ainsi, et les termes du dilemme posé par Kant sont tous deux inadmissibles. Le Monde est *infini* dans son principe essentiel ; il est *indéfini* dans l'ensemble des existences *finies* qui sont l'expression visible de ce principe essentiel incompréhensible. Notre intelligence correspond à cet ensemble, et nous en représente fidèlement les merveilles ; nous sentons en nous-mêmes, et nous reconnaissons dans les phénomènes dont nous sommes environnés, le mouvement vital qui anime toutes les existences, et l'ordre qui préside à leur développement, et cette considération nous élève jusqu'au principe *infini* dont toutes les existences nous offrent l'éclatante manifestation.

Ainsi pendant que, d'un côté, en suivant Kant et les déductions logiques des principes qu'il a posés d'une manière si arbitraire, nous nous trouvons en face d'un inconciliable dilemme d'où ressort l'anéantissement de toutes choses, et qui ne laisse debout qu'un entendement isolé, s'entourant de perceptions fantastiques, de l'autre, en partant de l'observation exacte de nos facultés, et en constatant les conditions nécessaires de leur exercice, nous reconnaissons dans le moindre des phénomènes, comme dans leur ensemble, les effets de cette force infinie qui éclatent à nos yeux avec une irrésistible évidence.

Il résulte du passage que nous venons de citer que Kant, après avoir refusé à l'homme toute source de connaissance autre que la perception des phénomènes matériels, est venu à nier la réalité de ces phénomènes eux-mêmes, et à n'en laisser subsister que la simple représentation idéale dans notre entendement. En conséquence, si pour chacun de nous il n'y a rien au delà de ses propres représentations, comment conclure de ces représentations individuelles aux représentations communes? Comment faire correspondre ces représentations isolées qui ne se fondent que sur elles-mêmes?

Ces sophismes ne parviennent point à ébranler les consciences humaines, en ce qui touche les vérités d'une palpable évidence et les nécessités de la vie pratique; mais ils réussissent trop souvent à séduire par une apparence de profondeur des esprits très-élevés; ils y puisent un principe délétère qui les pousse à méconnaître les idées essentielles, base et couronnement de notre connaissance, et à désagréger cet ensemble de vérités où viennent se réunir nos conceptions théoriques et les principes régulateurs de notre vie morale et sociale. D'autres les suivent qui s'efforcent de montrer en toute chose de perpétuelles contradictions et des oppositions inconciliables. Alors les esprits inconsistants et légers, confondus par ces apparentes contradictions, éblouis par ces sophismes, ne tardent pas à repousser comme vaines et sans objet toutes les considérations philosophiques. Les vérités morales tombent à leur tour et suivent de près la ruine des vérités métaphysiques; on repousse comme illusoires les principes qui lient entre elles toutes les manifestations de la vie humaine; on en vient à nier les conditions essentielles de la vie spirituelle et sociale, et l'on considère le monde comme un théâtre où la force et la ruse se disputent les jouissances matérielles dans une lutte interminable.

§ 2

Les éléments des choses sont-ils simples ou composés? Voilà la question qui donne lieu à la seconde antinomie.

On expose dans la thèse que si les substances n'étaient pas composées de parties simples, et que tout y fût composé, la pensée pourrait, en séparant successivement toutes les parties composées, faire disparaître l'objet tout entier; ce qui est impossible, car cette séparation du composé laisse toujours subsister quelque chose d'indécomposable et de simple. Il y a donc des éléments simples et indispensables, et la raison les doit concevoir comme les premiers *sujets* de toute composition.

L'antithèse soutient *qu'il n'y a rien de simple dans le monde et que tout y est composé*. Elle se fonde sur un raisonnement que l'on peut résumer dans ces termes : toute composition de substances ne peut se produire que dans l'espace, elles doivent se diviser en autant de parties que l'espace qui les contient, et qui se divise à l'infini; donc il n'y a rien de simple dans le monde, et tout y est composé.

De plus, l'existence de quelque chose d'absolument simple ne peut être prouvée par aucune expérience, ni par aucune perception. La simplicité absolue n'est donc qu'une pure idée dont aucune expérience possible ne saurait démontrer la réalité objective. Aucune chose absolument simple ne pouvant être donnée dans une expérience possible, et le monde sensible devant être regardé comme l'ensemble de toutes les expériences possibles, rien de simple ne peut s'y trouver.

Kant combat la thèse par des considérations fondées,

comme l'argumentation de l'antithèse, sur la divisibilité de l'espace dans lequel se produisent nécessairement tous les phénomènes. Il démontre aisément qu'aucun élément simple ne peut être donné dans le monde phénoménal, mais la question se trouve ainsi détournée de sa portée véritable ; car en affirmant la réalité des éléments simples, on les représente comme le support invisible des phénomènes, mais on n'entreprend en aucune façon de les montrer dans les phénomènes eux-mêmes. Cependant, et pour bien saisir le sens de cette discussion, il ne faut pas oublier que Kant ne reconnaissant que la seule intuition sensible, a cru avoir démontré la non-réalité des éléments simples, par cela seul qu'il avait démontré l'impossibilité de leur présence dans le monde phénoménal.

Kant se prononce plus nettement dans l'antithèse, et son argumentation en accepte, et cherche même à en raffermir les conclusions. Il n'y considère que les seuls objets de l'intuition sensible, que les phénomènes, lesquels supposent l'espace, condition nécessaire de leur possibilité. La *substance* demeure donc une pure conception de l'entendement, sans réalité, car elle ne saurait être perçue par une intuition sensible, laquelle ne s'opère que dans l'espace dont aucune partie n'est simple.

En examinant les arguments développés dans la thèse et dans l'antithèse, ainsi que le jugement exprimé par Kant sur les uns et les autres, on doit remarquer que dans aucune de ces discussions diverses il n'a été tenu compte de l'opposition qui existe entre les deux éléments de notre connaissance, à savoir, entre les principes intelligibles et métaphysiques, et les données physiques de la perception sensible.

De là, comme dans les discussions précédentes, la confusion des termes, et l'argumentation inacceptable qui en résulte.

L'ensemble des existences phénoménales ne nous présente que des éléments composés et indéfiniment divisibles, et, comme nous l'avons montré, aucun rapport logique ne peut rattacher cet ensemble matériel aux éléments substantiels simples, indécomposables, dont les phénomènes nous offrent l'expansion matérielle et visible. Il est aussi absurde de rechercher des éléments simples dans les phénomènes soumis à nos conditions intuitives de *mouvement*, de *temps* et d'*espace*, qu'il est déraisonnable de nier la réalité de ces éléments, parce qu'ils sont inaccessibles à nos sens, et que nous ne pouvons les établir et les déterminer par nos raisonnements. Nul sophisme ne réussira à ébranler dans la conscience humaine la ferme persuasion de la vivante réalité de ces principes substantiels.

Il est intéressant de rapprocher les raisonnements produits par Kant dans cette discussion, au sujet des *monades*, des *atomes* et des *points mathématiques*, avec les considérations exposées par Vico sur les *Points métaphysiques et les efforts* (*de antiquis. Ital. sap.*, *Cap.*, IV, § 1). Cette haute question y a été traitée avec une admirable supériorité ; la profondeur des pensées, la puissance des démonstrations, la parfaite netteté de l'expression font, à ce qu'il nous semble, de cette discussion un des plus beaux monuments de la Philosophie.

CHAPITRE XII

DES ANTINOMIES DYNAMIQUES

§ 1er

Kant a désigné sous le nom d'*Antinomies mathématiques* les deux premières Antinomies, lesquelles se réfèrent, l'une au problème du commencement du monde, l'autre à celui de la composition ou de la simplicité des éléments qui constituent l'ensemble des phénomènes. Il a appelé *dynamiques* les deux dernières, celles qui se produisent dans l'examen des questions relatives, l'une à l'affirmation ou à la négation de la présence d'une Cause déterminant la succession des phénomènes, l'autre à la reconnaissance ou au rejet de la Réalité d'un Être infini, régulateur du Monde.

Nous avons vu d'abord Kant affirmer d'une manière générale qu'il est de la nature même des problèmes cosmologiques de conduire nécessairement la Raison à deux solutions opposées, et également illusoires. Cette affirmation générale ne l'a pas empêché d'établir presque aussitôt une importante distinction entre ces Antinomies, et d'avancer que si les deux premières conduisaient à des solutions absolument contradictoires, les deux autres menaient à des conclusions dont l'opposition n'était qu'apparente, et qui pouvaient se concilier entre elles. L'opposition dériverait à leur égard d'une équivoque, et la thèse pourrait être vraie aussi bien que l'antithèse.

Cette différence proviendrait de ce que les deux Antinomies *mathématiques* ont pour objet la composition et la division des phénomènes par rapport au *temps* et à l'*espace*, et qu'il s'agit, dans l'une et dans l'autre, de choses homogènes. Il en serait tout autrement pour les deux Antinomies *dynamiques*, parce qu'elles se rapportent à la causalité et à la dépendance de l'existence des phénomènes, lesquels peuvent être rattachés à des principes dépassant l'ordre phénoménal, et donner lieu à des conclusions qui sont différentes, sans être cependant opposées, selon qu'on se renferme dans la considération des phénomènes, ou qu'on entreprend de les dépasser. Les problèmes à résoudre offriraient ainsi un double caractère, l'un *empirique* et l'autre *intelligible*, et ils pourraient dès lors être envisagés tour à tour sous des aspects différents, conduisant à des conséquences opposées, sans que ces contradictions fussent inconciliables, car il n'y a pas de contradiction à admettre qu'un même objet soit considéré comme phénomène dans le monde sensible, et comme une chose en *soi*, un Noumène dans le monde intelligible.

Une pareille distinction ne nous paraît pas justifiée. Mais il faut remarquer que les deux dernières Antinomies se rapportent à des questions d'une nature toute particulière, et qu'elles intéressent au plus haut point la conscience humaine. Il n'y a donc pas à s'étonner que Kant se soit cru tenu à de certaines réserves, et qu'il ait été conduit à faire quelques concessions nominales, propres à ménager les esprits et à amortir de dangereuses oppositions.

Revenant à la question elle-même, le concept dynamique, le *mouvement*, n'accompagne-t-il pas toute intuition des phénomènes et n'en est-il pas inséparable, tout comme ceux de *temps* et d'*espace*? Dans la première Antinomie, qui se rapporte au problème du commencement du monde, ce commencement peut-il être conçu sans un *mouvement* initial et un premier effort dynamique? N'y a-t-il pas lieu, à l'égard du Monde, de considérer également l'ensemble des phénomènes au double point de vue des existences visibles, et des essences intelligibles qui en sont le support, et de se reporter ainsi tour à tour aux phénomènes et aux Nôumènes?

Dans la question qui donne lieu à la seconde Antinomie, et qui examine si les éléments du Monde sont simples ou composés, nous trouvons également la *forme* du *mouvement* avec celles d'*espace* et de *temps*, car les phénomènes ne peuvent être conçus comme s'agrégeant et se séparant, sans un mouvement qui détermine ces actes, et là aussi apparaît le double point de vue du phénoménal et de l'intelligible.

Il est d'ailleurs étrange de voir Kant accorder dans les deux dernières Antinomies une sorte de réalité à ces objets substantiels et intelligibles, qu'il a déclarés si souvent n'être que de pures illusions et des conceptions imaginaires, et d'en venir ainsi à légitimer en quelque sorte des idées qui ne peuvent se rapporter à cette expérience au delà de laquelle il ne reconnaît aucun objet compréhensible et réel.

Nous ne devons donc pas accorder d'importance à cette distinction; elle ne repose sur aucune différence véritable, et d'ailleurs Kant n'en a tenu aucun compte dans les développements ultérieurs de sa doctrine.

§ 2

La troisième antinomie se rencontre à l'égard des lois de la nature quand on se demande si ces lois résultent du développement propre et nécessaire de forces intrinsèques, ou si elles proviennent de l'action d'une cause personnelle et libre; en d'autres termes, si la nature agit fatalement, en vertu des lois nécessaires qui lui sont inhérentes, ou bien si elle est soumise à un principe intelligent et libre qui lui prescrit des conditions d'existence et de développement.

On soutient dans la Thèse que les lois de la nature doivent nécessairement se rattacher à l'action d'une cause libre dont elles émanent. L'argumentation y développée peut se résumer comme suit :

L'état présent des phénomènes est déterminé par leur état antérieur, et en est le résultat; il en est de même de chacun des états précédents, qui se rattacheraient toujours à un état antérieur, sans pouvoir remonter à un état initial. Or la loi de la nature consiste précisément à ce que rien n'arrive sans une cause déterminée précédemment à priori. Il faut donc admettre l'action d'une cause qui ne soit déterminée par aucune cause antérieure, c'est-à-dire d'une *spontanéité* absolue, d'une *liberté* qui complète la série des phénomènes, et en subordonne les causes successives et nécessaires à une cause initiale et libre.

L'Antithèse soutient, au contraire, qu'il n'y a pas de *liberté*, et que tout arrive dans le monde par l'effet de lois nécessaires ; or l'action d'une cause libre est incompatible avec le maintien de lois régulières et stables. Dans de pareilles conditions aucune unité d'expérience ne serait possible, et c'est un vain être de raison que cette liberté transcendantale qui ne se rencontre pas dans l'expérience et qui la rendrait impossible.

L'idée de liberté implique le pouvoir d'agir sans obstacle. Si la liberté était déterminée par des lois, ce ne serait plus la liberté, ce serait la nature. Il y a donc entre la liberté transcendantale et la nature la même différence qu'entre la soumission aux lois et l'affranchissement de toutes lois. En considérant la nature en elle-même, et comme affranchie de toute intervention causale extérieure, si l'on interdit à l'entendement de remonter à une causalité d'où il puisse faire dériver l'origine des événements, on assure en revanche l'unité et la régularité de l'expérience. Que l'on admette, au contraire, l'*illusion de la liberté*, que l'on permette à l'entendement de remonter la chaîne des causes, et de parvenir à une cause initiale, on est conduit dès lors à un concept qui rompt le fil des règles universelles, sans lesquelles il n'y a plus de liaison possible dans l'expérience.

L'examen critique auquel Kant s'est livré pour apprécier l'argumentation contradictoire de la Thèse et de l'Antithèse que nous venons de résumer, mérite une attention particulière, car les questions qui y sont traitées se rapportent aux problèmes les plus élevés de la Métaphysique.

Kant montre d'abord que l'idée d'une cause spontanée produisant le commencement des phénomènes est une idée transcendantale, et est par conséquent en dehors de l'expérience. Il reconnaît en même temps que cette idée doit être admise par la raison, *bien que nous ne comprenions en aucune façon comment un certain état d'une chose puisse être amené par celui d'une autre, et que nous devions à cet égard nous en tenir à l'expérience.* Il ajoute (chose digne de remarque et sur laquelle nous reviendrons) que la même difficulté se rencontre également à l'égard de la causalité qui se produit suivant des lois naturelles. Le cours des lois naturelles peut d'ailleurs se poursuivre avec régularité dans l'ordre phénoménal, pendant qu'une action libre et spontanée se produirait dans l'ordre transcendantal. Rien ne s'oppose à ce que l'on conçoive, d'une part, quant au temps, l'action régulière des causes naturelles ; de l'autre, quant à la causalité, le développement d'un principe libre et spontané. Si, dit-il (par exemple), *je me lève maintenant de mon siége librement, alors avec cet événement et tous les effets naturels qui en dérivent à l'infini, commence absolument une nouvelle série, bien que, par rapport au temps, cet événement ne soit que la continuation d'une série précédente. Cette résolution et cet acte ne sont donc pas une simple conséquence de l'action de la nature, mais les causes naturelles déterminantes qui ont précédé cet événement cessent tout à fait par rapport à lui ; s'il leur succède, il n'en dérive pas, et par conséquent, il peut bien être appelé un commencement absolument premier, non pas à la vérité sous le rapport du temps, mais sous celui de la causalité.*

Il conclut en disant que l'accord de presque toutes les écoles philosophiques à admettre un premier moteur confirme d'une manière éclatante le besoin qu'éprouve la raison d'attribuer à la *liberté* le premier commencement des choses.

Passant à la discussion de l'Antithèse, Kant oppose d'abord aux défenseurs d'une *causalité libre* l'inutilité d'une conception par laquelle on entreprend d'imposer des bornes à la nature, dans le seul but de satisfaire l'imagination. On peut admettre un changement perpétuel des états successifs des phénomènes, sans qu'il y ait besoin de remonter à un premier commencement des choses. Il est à la vérité impossible de comprendre cette série infinie des phénomènes dérivant perpétuellement les uns des autres, sans recourir à un premier membre de la série qui la commence, et auquel les autres succèdent ; mais c'est là une énigme de la nature semblable à beaucoup d'autres, *et la même difficulté se rencontre d'ailleurs, quand on veut se rendre compte de la possibilité d'un changement en général.* En effet, si l'expérience ne venait nous en montrer la réalisation, nous ne pourrions jamais imaginer la possibilité d'une telle succession perpétuelle d'être et de non être. Si l'on reconnaissait une puissance transcendantale de liberté servant de point de départ aux changements du monde, cette puissance ne pourrait être qu'en dehors du monde, et il est toujours téméraire d'admettre en dehors de toute intuition un objet ne pouvant être donné dans aucune intuition possible. De plus, à côté d'une faculté affranchie de toutes lois, comme la liberté, il n'y a plus de place pour la nature, et la marche naturelle des phénomènes en serait nécessairement entravée.

Les arguments développés dans la discussion de cette troisième antinomie veulent être soigneusement examinés.

Il faut remarquer que, même dans la Thèse qui a voulu prouver la nécessité d'une causalité libre d'où dépendent les lois de la nature, cette causalité est présentée, non comme une action véritable et réelle, mais seulement comme un concept logique. Ce n'est point un principe vital, universel, absolu, transmettant à toutes les existences par d'innombrables canaux la vie qui les anime, la force qui les meut, c'est un concept abstrait exprimant le premier terme d'une série logique, et l'action créatrice et conservatrice du Dieu vivant se trouve ainsi réduite à n'être qu'une notion hypothétique de la pensée.

Qu'on nous permette de hasarder ici quelques considérations générales.

La réalité des choses se présente à notre intelligence comme un ensemble vivant et organisé, dont toutes les parties se correspondent, et concourent ensemble à une œuvre commune. Notre entendement, quand il applique à cette réalité son action discursive et logique, en écarte les éléments complexes, qu'il ne pourrait saisir ni dans leur ensemble, ni dans le moindre de leurs détails, et se représente les choses au moyen de concepts incomplets, qui n'en sont que les *signes rationnels*. Mais l'exercice habituel de notre pensée nous montre que nous avons en nous-mêmes un sentiment complet de la Réalité extérieure, grâce auquel notre Raison exerce naturellement et à chaque instant sur nos concepts une action rectificative, en restituant dans ses appréciations concrètes ce que le procédé conceptif a été forcé de retrancher de l'intuition primitive.

Dans ses argumentations, l'entendement, au contraire, opère la liaison de nos concepts en raison de leurs rapports formels, et sans aucun égard à la réalité de leur contenu, se bornant ainsi à assembler de simples signes des choses, de pures dénominations. Or une semblable liaison de notions nominales ne nous autorise en aucune façon à tirer des conclusions quelconques se rapportant à la réalité intrinsèque des choses si incomplétement représentées par les concepts qui les désignent. Si le philosophe, quand il procède à ces liaisons conceptives et dialectiques, faisait à leur égard ce qu'il opère à chaque instant pour ceux des actes de sa pensée qui se réfèrent à sa vie habituelle, et s'accomplissent en dehors de toute préoccupation dialectique, sa raison lui suggérerait infailliblement les actes rectificatifs qui pareraient à l'insuffisance de ses concepts, et il ne se fonderait pas sur les caractères qui expriment cette insuffisance, pour nier les Réalités qui ont dû nécessairement échapper à l'exiguïté des formes conceptives.

Il appartient donc à la Raison de venir sans cesse suppléer à l'imperfection radicale de nos opérations discursives, et de restituer les muscles, les nerfs, le sang, le mouvement et la vie au squelette qu'offrent à notre pensée les conceptions logiques.

Ainsi à l'ensemble des choses qu'il est donné à notre intelligence de percevoir, nous faisons correspondre parallèlement, comme moyen de nous en faciliter la connaissance, toute une série de concepts qui nous représentent ces choses, que par des signes dénominatifs et abstraits. Notre pensée trouve dans ces concepts et dans leur liaison un secours nécessaire et puissant; mais c'est à la condition expresse de ne pas identifier la réalité des choses avec les notions imparfaites qui nous les désignent.

C'est cette condition essentielle que Kant (et tant d'autres avant et après lui) ont négligé d'accomplir. Pour lui notre connaissance se trouve tout entière dans nos concepts; de simples dénominations abstraites lui semblent exprimer complétement les vivantes réalités, et le jeu de la dialectique lui représente suffisamment l'exercice animé des fonctions vitales.

Les concepts ayant par eux-mêmes une même valeur, ne donnent lieu qu'à une subordination accidentelle, et dépendante de l'action de l'entendement qui les combine ; ils s'offrent en conséquence avec une importance égale dans les discussions de notre philosophe, et les effets et les causes, les substances et les accidents, le nécessaire et le contingent, ne sont plus pour lui que des idées équivalentes, car ce sont des positions logiques que l'entendement peut classer à son gré, sans aucun égard à la condition intrinsèque des choses.

L'abus des concepts et les inconvénients qui en résultent, ne se bornent malheureusement pas aux conclusions inexactes des discussions philosophiques. Pour les esprits vulgaires, et les masses abusées, c'est l'imagination qui vient combler le vide intrinsèque des concepts par les plus étranges représentations. Dans l'ordre religieux, dans l'ordre moral, comme dans l'ordre politique, il s'opère ainsi trop souvent un travestissement complet des idées, par lequel on s'efforce, avec le concours d'une rhétorique aussi inepte qu'odieuse, de faire revivre des sentiments depuis longtemps abolis, et qui ne répondent aucunement à l'état actuel de nos sociétés. On fomente par là les antipathies nationales et sociales, et l'on arrête le mouvement naturel des peuples vers une œuvre commune vraiment civilisatrice et humaine.

Mais revenons à la discussion de la troisième antinomie.

On nie dans l'antithèse la possibilité d'une cause initiale et libre, déterminant la production des phénomènes naturels, parce qu'on la représente comme étant incompatible avec la stabilité et la régularité des lois de la nature, et l'on soutient que la liberté de cette cause impliquerait une action arbitraire et variable, pouvant troubler l'ordre de la nature et la stabilité de ses lois.

Kant (en se conformant d'ailleurs dans l'exposition de cette antithèse à sa méthode habituelle) a présenté la liberté comme une notion abstraite, isolée de tous les éléments qui l'accompagnent et la limitent, et il l'a conçue comme se développant d'une façon absolument indépendante, sans aucune intervention des facultés rationnelles. La liberté consiste pour lui dans un état de parfait équilibre entre des impulsions diverses, et dans une complète indifférence par rapport à un but final quelconque.

Cette conception abstraite de la liberté en contredit les conditions nécessaires ; une semblable liberté inconditionnelle et absolue repousserait toute délibération rationnelle, et dès lors un acte ne serait libre que s'il se produisait au hasard, et d'une manière irréfléchie, car toute délibération porte nécessairement sur le choix d'un but, et sur l'appréciation des meilleurs moyens de l'atteindre. La liberté ainsi comprise voudrait donc une action incohérente, et une volonté procédant sous l'impulsion du pur caprice.

Si l'on considère la notion de liberté dans son acception réelle, on admettra d'abord que la liberté *physique* consiste dans l'affranchissement de toute contrainte matérielle pouvant entraver le mouvement naturel des organes, et mettre obstacle à leur développement normal.

La liberté *spirituelle*, dont la liberté physique nous offre le symbole, consiste parallèlement dans le complet exercice de nos facultés intellectuelles et affectives, et dans la possibilité de poursuivre sans obstacle un but rationnel, conforme à la loi universelle qui régit les êtres intelligents.

La liberté ne peut donc pas être conçue comme offrant

par elle-même le terme final de l'activité rationnelle. Elle n'est qu'une notion négative, exprimant l'affranchissement de l'âme de toute entrave qui puisse arrêter l'essor de ses facultés. Ainsi les êtres rationnels sont libres, quand rien ne leur empêche de prêter une complète obéissance à la loi universelle qu'ils ont spontanément acceptée, et qui leur prescrit avec une rigueur inflexible l'objet vers lequel ils doivent diriger leurs efforts, ainsi que les déterminations propres à le leur faire atteindre. Ils abdiquent leur raison, et descendent au rang des brutes, quand, abusant de leur liberté, ils entreprennent de se soustraire à la loi morale, et ils entrent alors dans une voie désastreuse qui les conduit inévitablement à des abîmes de misère, de dégradation et d'opprobre.

Nous voyons se reproduire dans cette acception de la liberté cette fallacieuse méthode qui représente chacune de nos facultés comme si elle agissait isolément et par elle-même, en ne se liant aucunement aux forces qui l'accompagnent et la complètent.

Cette notion de la liberté impliquant une complète indépendance de tout élément rationnel, Kant n'a pas craint de l'attribuer à la nature divine, en affirmant qu'une Causalité libre et souveraine troublerait la marche naturelle des phénomènes, et serait en conséquence incompatible avec la régularité nécessaire des lois de la nature.

S'il répugne à notre intelligence d'attribuer à l'homme une liberté d'indifférence, affranchie de toute dépendance des lois de la raison, une pareille conception est bien autrement inadmissible quand on la rapporte à Dieu, à qui nous devons attribuer toutes les perfections à un degré infini. Quels obstacles supposer qui puissent arrêter l'Omnipotence divine, et dès lors comment lui appliquer cette notion de la liberté ? Comment surtout concevoir cette notion dans des conditions irrationnelles, qui, même dans l'homme, contredisent toutes les conditions de son exercice ? Comment penser dans la Raison suprême et absolue une volonté qui ne soit infaillible et immuable dans toutes ses déterminations ? Comment admettre que cette volonté parfaite puisse entrer en lutte avec elle-même, et contredire les lois prescrites à la nature par son infaillible Providence ? Mais tout sentiment des choses divines a manqué complétement à notre philosophe, et cette incommensurable lacune a vicié tous les développements de sa doctrine.

Les arguments par lesquels Kant s'efforce dans toutes les questions de contredire les affirmations naturelles de la conscience humaine, ne résistent donc pas à un sérieux examen. En voulant prouver que la négation des idées psychologiques et cosmologiques se présentait à la raison avec autant d'autorité que leur affirmation, il a montré n'avoir considéré qu'à un point de vue logique et abstrait tant nos facultés mentales elles-mêmes que les principes catégoriques qui en déterminent l'exercice. A ce point de vue si éloigné de la réalité des choses, la négation ne s'arrête pas aux croyances qui concernent l'âme et le monde ; elle atteint également la possibilité de l'expérience, car elle nous refuse tout moyen de réunir nos perceptions, et de les ramener à l'unité de notre conscience.

§ 3

Pour épuiser la discussion de cette troisième Antinomie, il nous faut encore examiner en détail les arguments ex posés par Kant dans ses remarques sur la Thèse et sur l'Antithèse.

Il déclare, en discutant les arguments de la Thèse, qu'il nous est impossible de comprendre comment un état quelconque d'une chose puisse être amené par celui d'une autre ; il conseille, en conséquence, de s'en tenir simplement à l'expérience, tout en disant que *la même difficulté se rencontre également à l'égard de la succession des phénomènes dans l'expérience, selon les lois naturelles.*

Le principe de causalité, que Kant avait accepté en le limitant à l'expérience, se trouve ainsi renversé même dans l'étroit domaine où il l'avait enfermé, et nous voilà rejetés avec Hume dans les abîmes du scepticisme. La contradiction dans laquelle est tombé notre philosophe, en finissant par repousser d'une manière absolue le principe qu'il avait invoqué pour constituer cette expérience, dont l'établissement joue un si grand rôle dans sa doctrine, cette contradiction, disons-nous, serait tout à fait inexplicable, si Kant, tout en limitant la causalité aux phénomènes visibles, l'eût cependant conçue comme un principe efficient et réel. Mais, comme nous l'avons montré, la causalité avait eu pour lui une signification purement logique. Quand il s'est trouvé en face de la grande question du Monde et de sa Cause suprême, il a compris que si l'on admettait la causalité comme la condition nécessaire de l'exercice de notre intelligence, il était impossible d'en restreindre l'action aux seuls objets de l'expérience, sans remonter par ce principe jusqu'à la Cause essentielle et suprême. Dès lors il n'a pas voulu se laisser embarrasser plus longtemps par une conception logique à laquelle il n'avait attribué aucune réalité, et qui conduisait à affirmer cette Cause première déclarée par lui inadmissible. Ainsi la répugnance de Kant pour les choses divines a été assez forte pour lui faire sacrifier ce frêle édifice de l'expérience qu'il avait si péniblement élevé.

Mais avec le rejet du principe de Causalité, Kant a renversé les bases mêmes de notre connaissance, en ne laissant à notre intelligence que la perception confuse de ses propres représentations, qu'aucun lien ne réunit et que rien ne rattache ni à un sujet percevant, ni à un Objet perçu. Ainsi disparaissent et les données de l'expérience, et jusqu'à la possibilité de l'investigation scientifique la plus élémentaire et la plus empirique.

Nous verrons bientôt notre philosophe, que les contradictions n'arrêtent jamais, ne tenir aucun compte de l'importante déclaration que nous avons signalée, et maintenir cette expérience dont il avait renversé les fondements. Mais les principes d'une doctrine ont une puissance intrinsèque qui se développe nécessairement, et ils ne cèdent que momentanément aux besoins d'une tortueuse dialectique; aussi l'enseignement de Kant demeure-t-il frappé d'un caractère sceptique indélébile.

Kant maintiendra donc cette expérience, qui se réduit à un ensemble de représentations liées entre elles par des conceptions nominales, et dont il se contente pour satisfaire aux besoins pratiques d'une vie privée de toute lumière, et se poursuivant au hasard sans but et sans guide.

On passe de ce triste domaine de l'illusion et du vide à tout l'éclat de la Réalité, quand, d'accord avec le sentiment commun de l'humanité, on s'élève de degré en degré, en vertu du principe de causalité, jusqu'à la conception de la Cause initiale et permanente du Monde, de la source infinie de la vie universelle, répandant ses flots dans toute la chaîne des existences, lesquelles, tour à tour *effets* et *causes*, reçoivent et transmettent l'épanchement du principe vital dont l'action incessante anime et conserve la Nature. Les *causes* apparaissent alors avec toute leur vertu active et efficiente ; ce ne sont plus des entités logiques, mais des *agents* vivants et réels. Il est dès lors impossible de les concevoir les uns et les autres indifféremment sous des acceptions d'une égale valeur intrinsèque : on a, d'un côté, des agents *actifs* qui transmettent l'élément vital, de l'autre, des objets *passifs* qui le reçoivent et s'en nourrissent, et qui, devenus *actifs* à leur tour, communiquent à d'autres existences le mouvement et la vie.

Les notions de *causes* et d'*effets* nous représentent donc des centres réels d'*activité* et de *passivité* dont la série tout entière se rattache au Dieu vivant et à son inépuisable Providence.

La loi de causalité exprime ainsi, quoi qu'en dise Kant, la direction naturelle et *nécessaire* de nos facultés mentales ; elle s'étend dès lors à tous les objets de notre connaissance, et nous les rapportons *nécessairement* à une Cause suprême et absolue qui régit toutes les existences par des lois invariables.

Nous avons vu que dans cette discussion de la troisième Antinomie, Kant avait entrepris de concilier les mouvements spontanés et libres de la volonté avec la succession régulière des phénomènes extérieurs ; mais cette prétendue conciliation n'aboutit qu'à un arrangement verbal, sans éclaircir en quoi que ce soit la question proposée. En effet, si dans toute détermination résultant d'un choix entre deux actes différents ou opposés, le cours des événements extérieurs vient à se poursuivre avec leur liaison nécessaire, quelles que soient cette détermination et la délibération qui l'a précédée, le résultat effectif est absolument nul, et le sentiment de la liberté de la détermination est illusoire quant à ses conséquences réelles.

Quand on examine cet insoluble problème de l'accord de la liberté humaine avec la marche de lois générales préétablies, il faut le présenter dans toute son étendue, en se reportant à la prescience divine qui embrasse toutes les choses, et qui détermine dans sa prévoyance infinie les mouvements des esprits autant que ceux des corps. Comme nous l'avons montré ailleurs (1), c'est là un de ces mystères absolument inaccessibles à notre intelligence, à laquelle il n'est donné que d'entrevoir les perfections divines. Nous pouvons seulement constater que la conscience humaine affirme sa liberté et son imputabilité avec une inébranlable assurance, et qu'elle n'hésite pas davantage à proclamer l'omniscience de Dieu. Toutes les ingénieuses argumentations des théologiens et des métaphysiciens pour accorder ces deux termes humainement inconciliables sont demeurées impuissantes, car elles ne pouvaient aboutir qu'à des contradictions flagrantes. L'explication fournie à cet égard par le philosophe de Kœnigsberg, ainsi que l'exemple qu'il a allégué, repose sur une exposition incomplète du problème, et arrive à un résultat illusoire.

Kant termine ses remarques sur la Thèse par une déclaration fort singulière : il constate que la croyance en une causalité libre a été professée par presque toutes les écoles philosophiques, et cet accord lui semble offrir une raison

---

(1) *Prefazione alla versione italiana del libro di G. B. Vico* : de Antiquissima Italorum Sapientia, etc. Milano, 1870.

suffisante pour qu'on se rallie au sentiment de tant de grands esprits.

Il y a lieu de s'étonner d'une semblable concession de la part d'un homme qui avait déclaré que le but de sa doctrine était de délivrer désormais l'esprit humain des liens de toute autorité dogmatique ; ou plutôt il faut attribuer cette condescendance au désir d'apaiser quelques puissants et dangereux contradicteurs. Un semblable acquiescement contraste trop directement avec les principes qui ont dirigé notre philosophe dans l'examen des questions cosmologiques, et il est d'ailleurs en complète opposition avec l'ensemble de son enseignement. Si une considération de ce genre eût été sérieuse et vraiment doctrinale, Kant ne se serait pas borné à invoquer l'autorité des philosophes ; il eût fait appel à celle bien autrement imposante du consentement universel de l'humanité. Mais la reconnaissance d'une pareille autorité, pour peu qu'il en eût tiré de légitimes conséquences, aurait ébranlé sa doctrine dans ses fondements, car elle eût substitué l'étude positive des lois intrinsèques qui président à l'exercice de l'esprit humain, et qui déterminent le développement de l'humanité, aux déductions d'une idéologie arbitraire.

Dans ses remarques sur l'Antithèse Kant soutient que toute recherche relative à un premier commencement des choses est absolument inutile, et il déclare qu'en concevant une causalité libre, on ne fait que donner à l'imagination une satisfaction stérile. Il répète que la difficulté que l'on éprouve pour expliquer la succession des phénomènes sans remonter à un premier terme causal, se rencontre également quand on entreprend de se rendre compte de la possibilité d'un changement quelconque. Il ajoute qu'en admettant une causalité, il faut nécessairement la placer hors du monde, et au delà de toute intuition, *ce qui*, dit-il, *est toujours téméraire*, et il termine en déclarant qu'une semblable notion contredirait directement la marche naturelle et régulière des phénomènes.

Ainsi dans ces *Remarques*, où Kant exprime son propre sentiment sur l'argumentation contradictoire dont il a offert la double exposition, il conclut au rejet de toute causalité initiale, et une pareille conclusion est, il faut le reconnaître, l'exacte conséquence des principes de sa doctrine. On voit qu'il n'a pas tardé à oublier la déclaration faite par lui, quelques pages plus haut, sur la convenance d'acquiescer dans la solution de cette question à l'accord des grandes écoles philosophiques. Une semblable recommandation n'était donc pas sérieuse, et elle n'a nullement empêché le développement de ses négations.

§ 4

La quatrième Antinomie se rencontre dans la production des arguments propres à faire admettre ou repousser l'existence d'un *Être absolument nécessaire*.

Dans la Thèse affirmative se trouvent reproduits en grande partie les raisonnements exposés dans la discussion de la troisième antinomie. On y répète que tout changement est soumis à une condition qui le précède *dans le temps*, et qu'en remontant la série de ces conditions, on arrive nécessairement à concevoir un élément inconditionnel et indépendant, d'où doit procéder toute la série des changements successifs. Le commencement d'une succession, y est-il dit, ne pouvant être déterminé que par l'état qui le précède, la condition suprême d'une série doit donc exister *dans un temps* antérieur à la production de cette série. La causalité de cet Être nécessaire, et cet Être lui-même appartiennent donc au *temps*, par conséquent au phénomène et au monde sensible. L'Être nécessaire fait donc partie du monde.

On soutient dans l'Antithèse qu'admettre dans la série des changements des phénomènes un commencement inconditionnel, c'est *contredire la loi de causalité*. D'un autre côté, si l'on supposait une série sans commencement, par conséquent contingente et conditionnelle dans chacune de ses parties, mais nécessaire et inconditionnelle dans son ensemble, on aboutirait également à une contradiction, car l'existence d'une multiplicité ne saurait avoir d'autres conditions que celles des parties qui la constituent. On en conclut qu'il n'y a dans le Monde aucun Être nécessaire, et qu'une pareille conception ne saurait s'appliquer davantage au Monde lui-même.

Si l'on supposait également l'existence hors du Monde d'une cause absolument nécessaire du Monde, cette cause quand elle commencerait à agir serait dans le *temps*, et appartiendrait conséquemment à l'ensemble des phénomènes. Or une pareille hypothèse présentant en elle-même une contradiction, la cause nécessaire ne peut donc pas se trouver hors du monde.

La double argumentation de la Thèse et de l'Antithèse repose, comme à l'ordinaire, sur une équivoque, sur l'acception inexacte des termes employés. L'affirmation de la Thèse n'offre pas des arguments plus solides que la négation de l'Antithèse. On y pose tout d'abord que la causalité de l'Être nécessaire et cet Être lui-même appartiennent au *temps*, et conséquemment à la série des phénomènes ; on confond ainsi deux ordres d'idées distincts et même opposés, à savoir, les idées qui se rapportent à l'Être nécessaire, conçu dans son essence suprême et invisible, et celles qui s'appliquent à la manifestation de cette essence dans les existences phénoménales et perceptibles. Le *temps* est pour nous une forme de l'intuition sensible; appliquer la notion du *temps* à l'Être absolu, c'est concevoir cet Être, dans sa réalité objective, comme accessible à notre intuition matérielle, et lui attribuer une existence phénoménale et contingente qui nous conduirait de nouveau à la recherche d'un principe *essentiel* et nécessaire. Cette Thèse repose donc sur des données inadmissibles.

L'argumentation de l'Antithèse n'est pas plus satisfaisante.

Il est fort étrange, en effet, de soutenir qu'*un commencement inconditionnel d'une série de causes et d'effets contredise la loi de causalité.*

Cette loi exprime l'effort perpétuel de notre pensée pour lier et subordonner entre eux les objets de nos perceptions, en les ramenant à une cause initiale indépendante, à laquelle nous puissions rattacher la chaîne tout entière des existences.

La loi de causalité exerce sur notre intelligence une action à la fois impulsive et directrice; comme cette mystérieuse échelle de Jacob, elle joint la terre aux espaces célestes, et l'esprit humain en monte et en descend incessamment les degrés. C'est la loi de causalité qui nous dévoile dans les existences visibles le principe essentiel qui les produit et les anime, c'est elle qui nous condui à la solution de ces grands problèmes cosmologiques et théologiques qui sont l'aliment de la pensée humaine. Et lorsque Kant invoque cette loi pour effacer de l'âme humaine la notion d'un Être suprême et infini, il montre clairement qu'il ne l'a jamais conçue dans sa signification véritable, et l'a regardée comme un de ces termes vides et abstraits sur lesquels il a établi toutes ses argumentations.

Passons à la discussion des remarques dans lesquelles Kant apprécie la valeur des arguments exposés alternativement dans la thèse et dans l'antithèse.

Il expose dans l'examen de la thèse qu'en remontant de la série des causes conditionnelles que nous offre le monde phénoménal jusqu'à la causalité initiale, on dépasse la série des temps et des conditions empiriques, pour entrer brusquement dans l'ordre transcendantal, et il soutient qu'une telle manière de procéder est tout à fait illégitime.

Mais comme nous venons de le dire (et nous comprenons toute la fatigue que fait éprouver la reproduction constante des mêmes objections, et des mêmes réponses), c'est le caractère essentiel du principe de causalité de nous transporter de la considération des phénomènes à celle du principe supérieur d'où ils procèdent et qui les alimente.

Ainsi ce passage du monde phénoménal à la Cause infinie dont il dérive, cet intervalle que Kant nous représente comme un abîme qu'il nous est interdit d'aborder, notre entendement le franchit sans cesse, parvenant ainsi sans effort, et par une impulsion nécessaire, à la source infinie de tous les êtres et de toutes les existences.

Les remarques de Kant sur la thèse se rapportent également au caractère de *contingence* qu'il déclare inhérent à toute recherche de causalité.

Kant veut encore une fois renfermer dans les choses contingentes et sensibles l'action de la loi de causalité, mais, comme nous avons été forcé de le répéter si souvent, il est de l'essence même de cette loi de nous faire dépasser les existences contingentes et conditionnelles, pour nous conduire au principe nécessaire dont elles émanent.

Il n'y a pour Kant rien de réel au delà de l'intuition sensible et de l'expérience. Cette proposition, fondement de sa doctrine, reparaît continuellement dans toutes ses discussions; et toute son argumentation, dans ses formes diverses, se réduit à enfermer dans les conditions de la sensibilité les forces infinies qui la dépassent et la dominent.

La loi de la causalité n'atteint tout son développement que quand elle nous conduit à reconnaître une Cause initiale nécessaire; mais Kant n'admet pas que cette loi puisse s'appliquer à quelque chose qui ne soit pas contingent. Nous concevons un être suprême, absolu, éternel; Kant oppose à cette conception que cet être suprême ne peut être compris que comme se trouvant dans le *temps*, comme circonscrit dans les conditions de notre perception sensible, et il l'abaisse jusqu'à le réduire à un état phénoménal. On tourne donc avec Kant dans un cercle sans issue.

Kant nous dit ainsi, à travers les détours de sa dialectique : vous avez beau vous laisser séduire par un désir ambitieux que vous ne pouvez éteindre dans votre âme, et qui vous pousse à vous élancer au delà des limites de l'expérience; dès que vous avez dépassé cette expérience, vous vous y trouvez ramenés aussitôt, et si votre effort persiste, il vous replacera de nouveau dans des conditions contingentes et temporelles, qui vous enchaîneront toujours malgré l'irrésistible besoin qui vous porte à vous en affranchir.

Telle est la pensée qui se retrouve dans toute cette discussion, et qui se fonde sur des arguments puisés dans l'ordre phénoménal, pour contredire des éléments qui ne peuvent s'y rencontrer, car ils résident dans une sphère supérieure.

Malgré tous ces sophismes, l'intuition sensible ne nous impose pas une limite infranchissable. Notre pensée la dépasse sans cesse, et perçoit incessamment, au delà du phénomène, le principe essentiel qui le soutient et l'anime; elle reconnaît dans notre entendement les lois qui en déterminent l'exercice; elle dégage des profondeurs de la conscience les dogmes et les préceptes qui dirigent le développement de notre activité; enfin elle reporte l'ensemble de nos connaissances à une Cause infinie, dont procèdent les objets de nos conceptions et nos conceptions elles-mêmes.

Mais il nous faut également reconnaître, sous peine de voir notre raison s'abaisser et déchoir de ses plus nobles attributs, que les solutions anthropomorphiques, les représentations figuratives, les conceptions déterminées sont incompatibles avec ces grands problèmes métaphysiques, car ces solutions fallacieuses nous ramènent nécessairement à ces choses sensibles, au-dessus desquelles plane dans son impérissable éclat l'Essence éternelle et absolue. Nous pensons cette Essence suprême, nous l'adorons comme la source d'où nous dérivent la vérité et la vie, comme le principe dont tout émane, et le but où tout revient; tout nous la révèle, tout nous y rattache; nous voyons briller partout le reflet de ses immortelles splendeurs, mais nous substituons de périssables idoles à cette Essence éternelle, lorsque nous entreprenons de la figurer et de la déterminer, et que, suivant les pas des sophistes, nous la renfermons dans les limites de l'existence matérielle.

Dans l'examen de l'antithèse, Kant remarque que la quatrième antinomie offre un étonnant contraste, en ce que *le même argument qui servait à conclure dans la thèse l'existence d'un être premier, sert à conclure sa non-existence dans l'antithèse, et cela avec la même rigueur*. Il ajoute que cette déduction de deux conséquences opposées, et toutes deux rigoureuses, tient à ce que dans la première argumentation on considère la *totalité absolue* de la série des conditions comme quelque chose d'inconditionnel et de nécessaire, tandis que cette *totalité* est conçue dans la seconde d'une manière contingente, ce qui détruit tout caractère inconditionnel et nécessaire.

Un pareil contraste n'a rien qui puisse surprendre, car il résulte d'une simple amphibologie, d'un double sens donné à une même dénomination, et qu'il suffisait de signaler. Ce dont il y a lieu de s'étonner, c'est de voir Kant considérer ce vice amphibologique, qui ôte toute valeur au raisonnement proposé, comme tout à fait *conforme à la raison commune*, et attribuer à un conflit de la raison avec elle-même un raisonnement dont le caractère fallacieux se reconnaît au premier abord.

Rappelons d'ailleurs encore une fois que le concept de *totalité* peut s'appliquer également et à une unité vivante, et à une conception de l'esprit se représentant une agrégation artificielle d'éléments quelconques. Mais que cette *totalité* se rapporte à un ensemble indivisible ou à une collection artificielle, ces deux concepts sont recueillis par Kant indifféremment, et pour lui ils présentent tous deux des dénominations vides et abstraites.

Nous voilà parvenu au terme de cette laborieuse discussion des antinomies. Nous ne pourrions la prolonger qu'en reproduisant sous des formes analogues et les argumentations de notre philosophe roulant dans le même cercle d'idées, et nos humbles réfutations s'appuyant sur des principes déjà maintes fois énoncés, et toujours nous verrions Kant opposer les conditions de la sensibilité aux considérations qui se rapportent à l'ordre supersensible.

Nous avons insisté dans nos réfutations sur un caractère remarquable des lois qui déterminent l'exercice de notre activité rationnelle et volontaire. Ces lois s'offrent à notre esprit comme des notions générales et *indéfinies* servant d'intermédiaires entre l'objet *infini* de notre intuition spirituelle, et les objets *finis* de notre intuition sensible ; c'est par leur caractère intermédiaire qu'elles rendent intelligibles à l'esprit les perceptions confuses de la sensibilité, et c'est la *déduction* qu'elles nous présentent des vérités absolues, inabordables à notre entendement limité, qui nous montre que notre connaissance se rapporte à une Réalité extérieure, et que l'enchaînement des vérités perçues par notre entendement correspond à la liaison intrinsèque et réelle des choses.

Ces lois, ces déductions *intermédiaires* qui lient les deux ordres de nos intuitions, sont pour nous la révélation de la volonté divine, parce qu'elles émanent de Dieu, et qu'elles expriment les conditions nécessaires imposées par la sagesse éternelle à l'exercice de nos facultés. Elles nous font communiquer avec l'Objet infini de notre pensée, en ce que nous faisant connaître les décrets de sa Providence, elles imposent à notre volonté l'aspiration perpétuelle vers la réalisation d'un Ordre idéal de vérité et de justice, ainsi que la soumission à cette législation universelle qui gouverne les êtres rationnels, intelligents et responsables. Elles font pénétrer en nous l'impérissable sentiment des perfections divines, nous imposant ainsi le devoir absolu de nous soumettre avec une inébranlable confiance à tous les événements, assurés que nous sommes qu'ils émanent d'un Être infaillible où se réalisent, poussées à un degré infini, les notions les plus hautes que nous puissions concevoir de vérité, de miséricorde et de justice.

Nous avons ainsi tout un ensemble de RÉVÉLATIONS qui nous manifestent à chaque instant la volonté divine; nous les retrouvons dans notre entendement par les conditions qui en règlent l'exercice; nous les sentons dans les profondeurs de notre conscience au moyen des principes de justice dont nous y retrouvons l'ineffaçable empreinte, et partout notre pensée reconnaît en nous-mêmes les déterminations constantes et intelligibles de l'action divine.

Mais, remarquons-le bien, ces lois règlent l'exercice *actif* de nos facultés; elles veulent donc en nous le développement incessant de toutes nos forces, et un effort mental et corporel jamais interrompu. Il nous faut toujours marcher, et marcher avec confiance vers un même but, vers le perfectionnement continuel des conditions spirituelles et matérielles de notre existence.

Si l'on ne tient pas compte de ces notions intermédiaires qui joignent et harmonisent les deux ordres de notre intuition, et que l'on veuille borner notre considération à un seul de ces ordres, si nous repoussons ces principes qui maintiennent nos facultés dans leurs limites naturelles, toutes les conditions de notre activité, tous les éléments de notre connaissance se trouvent mêlés et confondus dans un inextricable désordre.

En reconnaissant ces lois comme nous étant données de Dieu même, nous y retrouvons la détermination des conditions nécessaires de notre vie rationnelle, et nous échappons au double danger dont nous menacent à la fois la préoccupation exclusive des choses matérielles, et l'absorption de nos facultés mentales dans la pensée de l'infini, où elles se trouveraient anéanties. Une contemplation où l'esprit se confond et s'abîme, et qui paralyse toute activité, ne peut être que le partage d'un petit nombre de penseurs égarés; elle ne saurait entraîner les masses inconsidérées et ignares. Mais nous montrerons bientôt quels dangers menacent ces multitudes quand elles sont dirigées par de malfaisants esprits qui interprètent faussement les lois divines, et y substituent leurs abrutissants concepts, et leurs imaginations idolâtres.

Il est trop évident que la considération des éléments matériels de notre connaissance, dégagés des principes qui les transforment et les intellectualisent, plongerait notre esprit dans les plus épaisses ténèbres, et abolirait complétement notre vie rationnelle et sociale. Si une pareille hypothèse se pouvait réaliser, c'en serait fait de la dignité humaine et de ses immortelles prérogatives, et l'homme ne serait plus qu'une variété dans l'échelle des êtres irrationnels.

Cependant, nous n'hésitons pas à le dire, ce n'est pas de ce côté que se trouve le plus sérieusement menacé le développement régulier de la vie rationnelle. Si quelques esprits aveuglés réussissent à extirper de leur conscience les lois qui nous révèlent nos destinées, s'ils parviennent parfois à égarer les imaginations populaires, ils rencontrent dans toutes les tendances de la nature humaine des obstacles qui s'opposent à leurs entreprises ; les forces sociales ne tardent pas à réagir, et l'on invoque bientôt ces principes protecteurs qui peuvent seuls assurer le libre exercice des facultés humaines, et le maintien régulier des rapports sociaux. On n'a vu nulle part des sociétés matérialistes, des collections d'êtres humains vivant d'une vie commune qui se soient soustraits à toute loi divine et humaine, et Aristote nous montre les associations de bandits obéir elles-mêmes à une loi et à une discipline quelconques.

Le danger se présente avec une bien autre gravité quand il résulte d'une fausse conception des idées divines, et il est d'autant plus grand qu'il émane d'une source vénérable et sainte dont on convertit en poison les eaux salutaires.

Quand on méconnaît dans la considération des idées divines les lois par lesquelles elles se manifestent naturellement à notre connaissance, et qu'on les remplace par les écarts de l'imagination ou par les combinaisons arbitraires de l'esprit, on fait descendre Dieu de son trône immortel pour y asseoir une périssable idole, à laquelle les hommes prêtent leur ignorance, leurs passions et leurs vices. Alors les idées se confondent et se troublent ; on ne conçoit plus la Divinité comme la Raison suprême qui gouverne l'univers par des lois fixes et nécessaires ; on en fait un être fantasque et mobile, agissant d'une manière directe, en dehors de toute loi et de toute détermination rationnelle. La notion des causes secondes par lesquelles s'exerce régulièrement la puissance divine, disparaît et s'efface; l'activité humaine s'anéantit devant la pensée de l'inutilité de tout effort personnel; la richesse, la puissance et tous les avantages extérieurs apparaissent comme des dons gratuits répandus par une volonté arbitraire, et obtenus sans un travail préalable; c'est toujours le miracle qu'on invoque et que l'on espère; et dès lors toute énergie morale s'éteint en même temps que toute activité physique, et l'on attend dans l'inaction les bienfaits d'une puissance capricieuse. On se représente toutes les choses comme soumises au hasard, et pendant que le corps demeure inactif, et que l'esprit est inerte, l'imagination déréglée se repaît des visions de grandes richesses et de gigantesques succès. La vie tout entière est alors considérée comme une immense loterie dont les parts inégales se distribuent au hasard, quand elles ne sont pas obtenues par la force ou par la ruse. On se rejette alors sur tous les moyens, quels qu'ils soient, pour se procurer ces gros lots ambitionnés, mais on repousse dédaigneusement ceux qui exigent un travail incessant et habile, une prudence toujours éveillée, et une persévérante économie. On se lance dans toutes sortes d'aventures, sans tenir compte ni des droits d'autrui, ni de ses propres devoirs, ni des conseils de la prudence la plus vulgaire, et l'on entreprend follement de troubler l'État pour obtenir des fonctions et des dignités, comme on s'asseoit autour d'un tapis vert pour en recueillir les enjeux.

Nous ne reproduisons pas un tableau de fantaisie; les faits que nous signalons se reproduisent partout où l'on a conçu l'action divine comme s'exerçant en dehors de ses lois nécessaires, et l'histoire contemporaine d'un noble peuple dont on louait jadis la prudence consommée, nous offre le désolant spectacle des hasards les plus imprévus, des bouleversements soudains, et de ces étranges aventures auxquelles la prudence n'a aucune part, et qui constatent un profond oubli de toute idée d'ordre et de justice. Voilà le résultat du long asservissement des consciences et d'un enseignement religieux fondé sur des conceptions arbitraires et anthropomorphiques.

CHAPITRE XIII

DES FONDEMENTS DE LA THÉOLOGIE NATURELLE

§ 1ᵉʳ

En passant à l'examen des fondements de la théologie naturelle, Kant abordait un terrain brûlant où il devait rencontrer la vive opposition des divers représentants de l'orthodoxie, et il lui fallait ménager ces dangereux contradicteurs. On ne doit donc pas s'étonner si l'on rencontre dans cette exposition, plus que partout ailleurs, l'ambiguïté et l'obscurité du langage, et si l'on y retrouve de nombreuses contradictions. Aussi, pour pénétrer le sens véritable de cette discussion, convient-il d'en peser exactement les termes, et de se reporter aux principes fondamentaux de la doctrine de notre philosophe.

Le chapitre intitulé : *Idéal de la Raison pure* prépare la discussion théologique. Kant y rappelle que les catégories de l'entendement, simples formes de la pensée, demeureraient des concepts vides, si l'on ne les appliquait aux phénomènes qui leur fournissent la matière de l'expérience. « Mais », ajoute-t-il, « les *idées* sont encore plus éloignées de » la réalité objective que les *catégories*, car on ne saurait » trouver un phénomène où elles puissent être représentées

« *in concreto*. Elles contiennent une certaine perfection à
» laquelle n'atteint aucune connaissance empirique possible,
» et la raison n'y voit qu'une unité systématique dont elle
» cherche à rapprocher l'unité empirique possible, mais
» sans pouvoir jamais l'atteindre. Ce que j'appelle *idéal*
» paraît être encore plus éloigné de la réalité objective
» que l'*idée*... Nous devons avouer que la raison humaine ne
» contient pas seulement des *idées*, mais des *idéaux* qui ont
» une valeur pratique, et servent de fondement à la possi-
» bilité de la perfection de certains *actes*. La vertu, et avec
» elle la sagesse humaine dans toute leur pureté, sont des
» *idées*. Mais le sage des stoïciens est un *idéal*, c'est-à-dire
» un homme qui n'existe que dans la pensée, mais qui con-
» corde parfaitement avec l'idée de la sagesse. »

Et plus loin, après avoir montré comment la raison arrive par une série de procédés logiques à rapporter à une *chose* un ensemble de prédicats, au moyen de ce qu'il appelle une SUPPOSITION TRANSCENDANTALE, il montre que par cette même opération on arrive également à réunir l'ensemble de tous les prédicats possibles, et à construire une synthèse attributive générale, se rapportant à un idéal transcendantal QUI NE RÉSIDE QUE DANS LA RAISON et qui reçoit les noms d'*Être originaire* (Ens originarium) et d'*Être suprême* (Ens summum). *Mais* toutes ces expressions, dit-il, ne *désignent point le rapport objectif d'un objet réel aux autres choses; elles ne désignent que le rapport de l'idée à des concepts, et nous laissent dans une parfaite ignorance touchant l'existence d'un Être d'une supériorité si éminente.*

Remarquons d'abord que dans les passages que nous venons de citer, Kant borne strictement, selon ses principes, la valeur et l'application des catégories aux phénomènes matériels, montrant, une fois de plus, que les raisonnements et les jugements qu'elles déterminent cessent pour lui de reposer sur des éléments objectifs et réels, dès qu'ils entreprennent de dépasser les perceptions phénoménales.

En effet, rappelons-le, Kant n'a point considéré les catégories comme des lois formelles, comme des conditions nécessaires imposées par la force créatrice à l'exercice des fonctions de notre entendement; ce ne sont pour lui que de simples dénominations logiques, des conceptions hypothétiques, grâce auxquelles on parvient à lier artificiellement nos concepts, et par eux les objets de l'expérience. D'autre part, il a établi que la valeur des catégories provient uniquement des perceptions phénoménales auxquelles elles s'appliquent, et il en subordonne la validité à la corporalité de la matière sur laquelle elles s'exercent. Dès lors, et en demeurant dans l'exacte signification des termes, les vérités mathématiques elles-mêmes viendraient à perdre toute autorité, car la matière qu'elles étudient leur est fournie par les *formes* intrinsèques de notre sensibilité, à savoir par les concepts coördonnateurs d'*espace*, de *temps* et de *mouvement*, lesquels dépassent infiniment l'intuition sensible, et ne nous sont pas fournis par elle; les phénomènes ne sauraient donc nous offrir la représentation des vérités mathématiques. Pour se renfermer dans les restrictions posées par la doctrine critique, les considérations mathématiques devraient donc s'arrêter aux objets sensibles, en se réduisant à des procédés empiriques, aux simples opérations d'une numération, d'un mesurage et d'une mécanique matériels et grossiers; on en viendrait ainsi à repousser avec Hobbes le caractère d'idéalité et d'universalité des mathématiques, pour n'en admettre que les applications physiques et tangibles.

Dès lors Kant se montre conséquent avec les principes de sa doctrine, lorsqu'après avoir repoussé la notion de *substance* comme dépassant la portée de nos sens, il conteste la réalité d'un Être souverain correspondant à l'ensemble des prédicats phénoménaux, et il était logiquement conduit par ses prémisses à concevoir l'unité suprême comme une simple dénomination artificielle exprimant, comme il le dit, une *relation logique entre divers concepts*, et non pas une réalité objective et vivante.

Descartes, confirmant les enseignements des grands philosophes de l'antiquité, et s'accordant avec le sentiment commun du genre humain, a fondé sa doctrine sur la distinction essentielle des deux éléments si dissemblables qui constituent notre être, de l'élément *spirituel*, et de l'élément *matériel*, de la *pensée*, et du *corps*, et il a montré que c'est dans la *pensée* que consiste le caractère spécial et distinctif des êtres rationnels et responsables. Kant, au contraire, et malgré les apparences spiritualistes de son exposition, a donné une prédominance absolue à l'élément matériel, en lui attribuant exclusivement la réalité objective; il n'a considéré les forces intellectuelles que comme des moyens logiques, et en quelque sorte mécaniques, par lesquels on arrive à élaborer les perceptions sensibles. Or la pensée ne gouverne le corps, et ne s'en distingue, qu'en puisant incessamment à la source infinie de la vérité éternelle, et en en recevant l'impulsion directrice qui assure sa prééminence. On enlève à la pensée tout caractère hégémonique, et on la rabaisse au-dessous de l'élément corporel, quand on lui refuse l'intuition immédiate des choses divines, d'où nous dérivent ces lois fondamentales et constitutives qui fixent et transforment les données mobiles et confuses de l'intuition matérielle.

Kant, comme nous l'avons vu précédemment, établit une distinction formelle entre l'*entendement* et la *raison*, et il veut que l'entendement et ses catégories ne s'élèvent jamais au delà du monde matériel. Retrouvant dans l'esprit humain l'invincible besoin de dépasser le cercle des perceptions matérielles, il a admis que la raison concevait des *idées* et des *idéaux* en vertu d'une force intrinsèque, mais il a enlevé toute valeur à ces conceptions, et il les a représentées comme de décevantes visions qui ne correspondent à aucune réalité, et n'aboutissent qu'à d'inconciliables contradictions.

Nous avons montré que pour Kant l'utilité des catégories consiste principalement à assurer et légitimer les notions expérimentales qui répondent aux urgentes nécessités de la pratique. C'est également pour satisfaire à d'autres besoins non moins impérieux de la vie pratique, qu'il a attribué à la raison le pouvoir d'enfanter par elle-même des *idées* qui doivent régler rigoureusement les actes volontaires, et les amener à se conformer à des types *idéaux*, symboles de toute perfection morale ; mais cette Raison d'où émanent ces *idées* et ces *idéaux* a été considérée par lui comme une faculté privée de toute communication avec la réalité objective, ne puisant qu'en elle-même le principe de son activité, fatalement condamnée à de perpétuelles illusions, et ne pouvant échapper à des conclusions où viennent se heurter d'inconciliables et flagrantes contradictions.

Le bon sens se révolte devant la prétention insensée d'accorder à notre entendement la puissance de prescrire des lois à la Nature, et de substituer ainsi la faiblesse humaine à l'Omnipotence divine ; mais n'est-ce pas une tentative tout aussi téméraire que d'avoir fait dériver de la Raison, agissant par sa propre énergie, et en dehors de toute dépendance causale, cette loi morale dont le strict accomplissement est la condition nécessaire de l'exercice de l'activité humaine, et de l'obtention de la félicité individuelle et sociale?

Ce n'est pas de cette façon que les idées de vertu, de moralité et de justice se manifestent à la conscience humaine. Elles lui apparaissent sous une forme obligatoire, absolue, comme la loi de notre développement intellectuel, comme la condition nécessaire de notre existence rationnelle. Les types idéaux d'une croissante perfection que nous venons à concevoir, ne résultent pas d'une création fortuite de notre raison ; ils sont perçus par nous comme un reflet de l'archétype divin qui illumine notre intelligence, et où brillent et se concentrent à un degré infini toutes les perfections imaginables.

Il faut donc reconnaître qu'en resserrant l'exercice légitime de nos facultés mentales dans les bornes de l'expérience matérielle et de la moralité pratique, Kant a imposé à notre intelligence des limites qui correspondent bien incomplétement au besoin qu'elle éprouve d'une expansion illimitée. La matière sur laquelle se répand l'excursion de notre pensée s'étend d'une façon indéfinie ; elle embrasse tous les temps et tous les lieux, et comprend les innombrables éléments de la vie matérielle et spirituelle, avec toute l'inépuisable série de leurs rapports réciproques. L'expérience, telle qu'elle a été définie dans la *Critique de la raison pure*, s'arrête à l'état actuel et au moment présent ; elle résume les perceptions immédiates, et se fonde sur elles pour prévoir des perceptions ultérieures se produisant dans un temps peu éloigné. Cependant l'invincible tendance de l'esprit humain répugne à de pareilles restrictions; il considère les lois de la nature comme imposées par la sagesse divine, et s'efforce incessamment de retrouver dans la succession des phénomènes les caractères divins d'ordre, de convenance et de proportion dont ils portent l'ineffaçable empreinte.

D'un autre côté, la loi morale réduite par Kant à être l'émanation de la raison humaine, et à exprimer par de sèches formules des principes arbitraires et incomplets, se trouve dépourvue des sentiments affectifs qui l'animent et la meuvent; ces froides déductions ne laissent aucune place aux irrésistibles impulsions d'amour et de charité qui constituent la vie de l'âme, qui la rattachent par des liens sympathiques à toutes les existences, et la font aspirer ardemment à s'unir à l'Essence suprême pour atteindre le plein développement de ses facultés.

Et, pour nous résumer, l'homme, tel que se le représente la doctrine critique, réduit à la seule intuition du monde matériel, ne puiserait qu'en lui-même les éléments d'une vie intellectuelle, incomplète et défaillante; destitué de ses plus hautes facultés, il poursuivrait sans espérance et dans une orgueilleuse solitude une vie éphémère, au milieu d'un monde morne et glacé. Mais l'homme, tel qu'il est sorti de la main de Dieu, se sent vivre d'une vie immortelle; des liens de confiance et d'amour le rattachent à la Providence divine; il marche dans la vie d'un pas assuré, guidé par l'éternelle vérité; le monde phénoménal, bien loin de l'enserrer dans une mortelle étreinte, lui ouvre l'accès du monde spirituel dont il lui est le vivant symbole; enfin, les vicissitudes parfois douloureuses de son existence lui sont données comme une *matière* qu'il est appelé à façonner librement, d'après un idéal supérieur, de manière à en tirer des éléments de progrès et de régénération.

Kant résume dans les paroles qui vont suivre sa discussion sur l'Idéal transcendantal, et son sentiment sur la réalité des choses divines y apparaît avec netteté. « Si, dans le fait,
» il n'y a que les objets des sens qui puissent nous être
» donnés, et s'ils ne peuvent l'être que dans le contexte
» d'une expérience possible, il suit que rien n'est *objet* pour
» nous, sans supposer l'*ensemble* de toute réalité empirique
» comme condition de sa possibilité. Mais, par une illusion
» naturelle, nous étendons à toutes les choses en général un
» principe qui n'a proprement de valeur que relativement à
» celles qui sont données comme un objet de nos sens. Le
» principe empirique de nos concepts de la possibilité des
» choses *comme phénomènes* devient ainsi pour nous, *par*
» *le retranchement de cette restriction*, un principe trans-
» cendantal de la possibilité des choses en général.

» Que si en outre nous hypostasions cette idée de l'en-
» semble de toute réalité, c'est que nous transformons dialec-
» tiquement l'unité *distributive* de l'usage expérimental de
» l'entendement en une unité *collective* d'un tout d'expé-
» rience, et que, dans ce tout du phénomène, nous concevons
» une chose individuelle, qui contient en soi toute réalité
» empirique, et qui, au moyen de la *subreption* transcendan-
» tale dont je viens de parler, se transforme en une chose
» placée au sommet de la possibilité de toutes les choses qui
» trouvent en elle les conditions réelles de leur complète
» détermination. »

Remarquons d'abord que les perceptions phénoménales ne sauraient nous offrir par elles-mêmes un ensemble synthétique ; la compréhension d'un pareil ensemble résulte pour nous d'un concept compréhensif qui dépasse l'intuition sensible, et Kant eût refusé toute réalité à un pareil concept, ainsi qu'à toute combinaison d'éléments de l'ordre intellectuel, s'il ne lui eût fallu dévier de ses principes pour assurer la légitimité de l'expérience. Il affirme que ce principe d'aggrégation *n'a de valeur que relativement aux choses qui nous sont données comme objet de nos sens*, et il ajoute, comme nous venons de le montrer, que c'est en ne tenant pas compte de la restriction exprimée par les mots : « *comme phénomènes* » que nous concevons abusivement *un principe transcendantal de la possibilité des choses en général*, et que c'est ensuite au moyen d'un SUBREPTION transcendantale (mot qui implique une intention frauduleuse) que nous hypostasions ce concept de l'ensemble des choses, en le personnifiant dans un Entendement suprême, dans une *Intelligence*.

Voilà comment, selon Kant, se produit dans notre entendement la genèse de l'Idée divine : après avoir opéré artificiellement la liaison des perceptions sensibles, la raison passe à s'attribuer illégitimement le pouvoir d'étendre cette opération agrégative à tous les objets de sa pensée ; puis, par un acte frauduleux, elle personnifie cette aggrégation dans une Intelligence suprême qu'elle superpose à l'ensemble des phénomènes ; mais ces diverses transformations sont considérées par Kant comme fantastiques et illusoires, car il ne reconnaît aucune réalité au delà de la perception matérielle et de la sensation immédiate.

Cet exact résumé des conclusions de la Doctrine critique par rapport à l'*Idée divine* montre que notre philosophe a poussé l'esprit sophistique à ses dernières limites, et nous retrouvons dans cette discussion le caractère essentiel de ce besoin d'incessante révolte, et de perpétuelle contradiction qui s'exprime par le Sophisme, et dont témoignent les plus vieilles traditions de l'humanité.

Toujours le Sophisme, dans ses perpétuelles et multiples évolutions, a amoncelé autour de lui la masse des existences corporelles, expression visible de la puissance divine, pour attaquer par elles l'Essence créatrice, et pour entreprendre d'effacer et abolir l'ineffaçable Unité qui maintient la cohésion harmonieuse de la variété des existences. Toujours cet esprit destructeur s'est appuyé sur le monde visible et sur ses merveilles pour nier l'Intelligence infinie qui les produit et les conserve.

C'est le caractère général du Sophisme que de se fonder sur les sens et sur l'évidence des perceptions qui en dérivent, pour repousser les réalités qui les dépassent, et ce caractère essentiel se trouve dans toutes les matières sur lesquelles il porte sa malfaisante dialectique ; partout les éclatantes manifestations de la Providence divine lui fournissent des arguments pour contredire le principe immatériel qui les soutient et les vivifie. Les procédés subalternes de notre entendement sont incessamment opposés par l'esprit sophistique aux principes fondamentaux et souverains qui les constituent et les autorisent, et le sophiste se prévaut toujours des combinaisons artificielles d'une logique incomplète et fallacieuse, pour nier les lois éternelles qui déterminent les conditions nécessaires de la vie et du développement de tous les êtres corporels et spirituels. Tantôt l'esprit sophistique oppose l'ensemble désagrégé des phénomènes toujours fuyants et divers, à l'*Unité* essentielle dont ils sont la manifestation visible; tantôt systématisant les intérêts contradictoires et mobiles dans une incomplète conception de l'*Utilité*, il entreprend d'effacer cette notion de *Justice*, loi des êtres intelligents et sociables, et qui est la seule voie par laquelle on parvienne sûrement à reconnaître les véritables conditions de l'*utilité;* tantôt la considération exclusive des choses matérielles le pousse à exciter les appétits et les haines des multitudes, et lui fait concevoir une forme de société privée de l'élément directeur, qui la préserve d'une inévitable dissolution ; tantôt il se prend à justifier le déchaînement des passions, et érigeant en principe le droit absolu de les satisfaire, il n'hésite pas, pour en assurer le libre essor, à proposer le renversement des lois de la moralité universelle.

Les principes qui constituent la socialité humaine ont de trop profondes racines pour que de pareilles doctrines puissent troubler l'ordre social d'une manière permanente; mais il est des temps et des lieux où la modification nécessaire des conditions politiques, inconsidérément accomplie, a amené des luttes ardentes et acharnées; où des institutions protectrices devenues insuffisantes ont été renversées, sans qu'on ait pourvu à la satisfaction des besoins qui y correspondent, et où les classes investies du dépôt sacré des traditions conservatrices ont cessé de pourvoir à l'enseignement moral des populations. Dans de pareilles circonstances la propagation des sophismes devient un grave danger. Leurs formules absolues font repousser toute équitable conciliation des intérêts opposés; leur pernicieuse influence entretient les haines et les luttes; enfin, de détestables doctrines viennent ajouter aux souffrances matérielles le trouble profond des esprits, et, ce qui est le plus grand des maux, elles détruisent dans les âmes tout sentiment d'espérance, en abolissant toute confiance dans l'action éternellement bienfaisante de la Providence divine.

§ 2

Après avoir essayé de démontrer que notre esprit n'est aucunement autorisé à admettre la réalité de la conception d'un Être suprême, principe et couronnement de tous les Êtres et de toutes les existences, Kant a exposé les divers genres de preuves par lesquelles les théologiens et les métaphysiciens les plus illustres ont entrepris de démontrer à priori la réalité de la Personne divine.

Nous avons cité précédemment les paroles de Vico, déclarant que la production d'une preuve de ce genre est une tentative impossible et impie, car une pareille démonstration supposerait dans notre entendement une vertu infinie, et dépassant en quelque sorte l'Infinité divine. Il n'était donc pas difficile à un argumentateur aussi subtil que l'auteur de la *Critique de la Raison pure* de découvrir le vice de ces divers raisonnements.

Rappelons d'abord, pour confirmer la pensée de Vico, que la forme syllogistique, généralement employée dans ces argumentations, est essentiellement vicieuse, parce qu'elle repose sur une donnée intuitive initiale dont elle se borne à offrir le développement. Dès lors toute intuition, qu'elle soit spirituelle ou sensible, surpasse notre puissance discursive. Ce n'est donc pas au moyen du raisonnement que Kant est parvenu à reconnaître la réalité objective de cette intuition matérielle, qu'il a considérée comme l'élément unique de la Réalité. Il n'a pu fonder cette reconnaissance que sur le sentiment intime de la conscience, ainsi que sur le consentement universel de l'humanité, lesquels peuvent être invoqués avec une égale évidence pour l'intuition spirituelle, également attestée de la façon la plus éclatante par toutes les manifestations de la pensée et de l'activité humaine.

Nous avons vu dans les considérations précédentes, qu'en analysant les éléments de la perception sensible, nous y découvrons la prédominance de l'action spirituelle sans laquelle l'homme ne pourrait ni saisir, ni comprendre les objets de son intuition corporelle. La perception du moindre phénomène matériel exige donc l'action des forces immatérielles, et nous révèle à la fois la double source de nos intuitions, celle qui nous provient du monde phénoménal et sensible, et celle qui dérive du monde spirituel et intelligible.

On a vu maintes fois dans le cours de ce travail que toutes les opérations de notre esprit supposaient l'existence de principes supérieurs, s'imposant à notre connaissance avec l'autorité de lois invariables et nécessaires. Ces principes peuvent être considérés comme des axiomes fondamentaux, car ils nous apparaissent avec une parfaite évidence, et sont la condition absolue de l'exercice de nos facultés mentales. Ces axiomes métaphysiques peuvent s'exprimer de la manière suivante :

1° Les fonctions de notre sensibilité et de notre entendement se rapportent toutes à un *Moi*, un et identique, à une *substance* active, intelligente et responsable, se distinguant essentiellement de tout élément corporel.

2° Nos représentations correspondent à la réalité des choses qu'elles représentent.

3° Les opérations de notre entendement sont concordantes, et il n'en peut résulter des propositions contradictoires.

4° Tous les objets intérieurs et extérieurs de notre connaissance sont conçus par notre esprit comme soumis à un ordre invariable, à une subordination harmonieuse.

Ces vérités sont la base nécessaire de notre connaissance, et Kant n'a pu rétablir la légitimité de l'expérience qu'en les admettant, au moins d'une manière nominale et logique. En effet, toute connaissance ne doit-elle pas s'attribuer à notre personnalité, et cette personnalité ne doit-elle pas être conçue comme une entité permanente, différant essentiellement des phénomènes corporels? Quelle valeur donnerions-nous à nos représentations et aux concepts qui en dérivent, si nous n'étions pas convaincus qu'ils correspondent à une Réalité extérieure? Comment établir un raisonnement et affirmer une conclusion, si l'on n'admettait que l'entendement dont ils émanent concorde dans toutes ses opérations, et si toute proposition contradictoire n'apparaissait comme offrant en elle-même un indice certain de son inexactitude? Comment concevoir la possibilité d'une investigation scientifique quelconque, ainsi que celle de l'exercice des opérations pratiques les plus communes, sans reconnaître la régularité des lois de la Nature, et l'ordre invariable auquel elle est soumise?

Kant n'avait adhéré à ces principes qu'à titre provisoire et dans le seul but de systématiser logiquement l'expérience. S'il en eût reconnu la valeur, il se serait accordé avec le sentiment universel du genre humain, et ne se serait pas égaré dans ce dédale de raisonnements sophistiques, par lesquels il a entrepris de ravir à la pensée humaine le droit de s'élever à la considération des choses supérieures et divines.

§ 3

Essayons d'apprécier la signification et la portée de ces axiomes.

I. — *Les perceptions sensibles sont assumées en nous par un* MOI, *par une substance indivisible, par une intelligence.*

Cette unité substantielle, ce *moi* se distingue nettement des éléments corporels qui l'enveloppent, et par lesquels elle se manifeste. Son énergie personnelle se produit sous trois aspects, qui, tout en apparaissant distincts et divers, demeurent toujours intimement unis : elle est à la fois *intelligente*, *sensible* et *active* ; elle *conçoit*, *veut* et *agit*, et le développement de ses fonctions diverses s'opère d'après des lois invariables.

Notre unité substantielle s'alimente par une double intuition, par l'intuition intelligible qui lui donne des *formes* régulatrices, par l'intuition sensible, qui lui fournit la *matière* soumise à l'action ordinative de ces formes. Elle a pour attribut essentiel la *pensée*, à savoir la faculté de représenter au moyen de concepts toutes ses modifications intérieures et extérieures, de lier ces concepts par un enchaînement continu, et de déterminer par eux les modes de l'exercice de ses facultés.

Kant s'est efforcé de montrer par des efforts de dialectique la série des opérations successives par lesquelles les perceptions sensibles et les concepts qui en dérivent viennent à être saisis par l'unité de la conscience, par un *moi* substantiel ; mais il n'a pu établir qu'une attribution nominale, parce qu'il avait rejeté la réalité de toute entité substantielle, comme dépassant la portée de nos sens et les limites de l'intuition matérielle, dans lesquelles il renfermait la sphère de notre connaissance.

Cependant la conscience humaine repousse ces sophismes ; elle affirme incessamment son unité spirituelle par toutes les manifestations de son activité ; elle reconnaît la réalité des lois qui la gouvernent, et les reporte à leur divin auteur.

II. — *Nos représentations correspondent à la réalité des choses qu'elles représentent.*

Les perceptions de notre intelligence sont considérées par nous comme conformes aux objets extérieurs qui les excitent, et la correspondance de ces perceptions avec leur objet nous fait obtenir une connaissance adéquate des choses extérieures, proportionnée aux conditions de notre faculté mentale. Les lois de notre connaissance et celles de la nature, qui en est l'objet, ne peuvent pas se contredire, car elles émanent les unes et les autres de la sagesse divine.

D'un autre côté, les lois qui déterminent la liaison de nos concepts doivent correspondre (autant que le permettent les conditions limitées de notre intelligence) à l'enchaînement réel des objets tant intelligibles que sensibles de notre considération, et nous pouvons conclure légitimement de la réalité de ces lois à la réalité des vérités qu'elles nous révèlent, et auxquelles elles nous conduisent.

Ainsi la loi de *causalité*, par laquelle nous lions nos concepts les uns aux autres, pour les rattacher finalement à un principe essentiel et unique, est l'expression de l'enchaînement réel des existences, lesquelles reçoivent et transmettent par un mouvement alternatif, tour à tour actif et passif, les éléments vitaux qui émanent de la source de la vie universelle.

Le type idéal représentant la perfection morale telle qu'il nous est donné de la concevoir, et auquel notre loi morale nous prescrit de nous conformer, a pour correspondance nécessaire la réalité d'un archétype divin, comprenant à un degré infini les attributs de perfection absolue, dont nous avons en nous-mêmes l'ineffaçable notion.

C'est également la correspondance du monde que nous portons en nous, avec le monde qui nous entoure, et celle des lois imposées à tous deux par leur divin auteur, qui nous permettent de saisir les lois de la nature, d'en apprécier et d'en prévoir les résultats.

Kant ne voyant dans la nature qu'une succession incohérente de phénomènes isolés (ou plus exactement ne reconnaissant la nature que dans nos seules modifications et dans nos représentations indépendantes et confuses) a attribué la liaison de ces phénomènes ou, ce qui répond mieux à sa pensée, de nos propres *modifications*, aux seules forces subjectives de notre entendement. Et même, si nous voulons exprimer sa pensée dans toute son exactitude, il a nié toute subordination ordinale et réelle dans les manifestations de la nature, pour y substituer la liaison nominale de nos propres modifications, s'opérant par nos seuls concepts.

Mais l'humanité a le vif sentiment de l'intime correspondance de nos perceptions mentales avec les réalités de la nature, objet de ces perceptions, et confiante dans leur accord nécessaire, elle applique constamment les lois de son entendement à l'étude des lois des phénomènes naturels.

III. — *Les opérations de notre entendement sont concordantes et ne peuvent produire des propositions contradictoires.*

Ce principe implique que notre faculté rationnelle est une indécomposable unité, et non un assemblage de forces diverses dont les productions seraient discordantes et opposées.

Notre intelligence poursuit constamment un même but, à savoir la connaissance des vérités qui lui représentent l'enchaînement réel des objets extérieurs. Or nous avons le sentiment profond que les vérités perçues par notre entendement sont les reflets d'une vérité universelle que nous manifeste la Raison suprême et absolue.

Cette Raison suprême, lumière de tous les êtres intelligents, et où se résume la Vérité universelle, vit dans notre conscience, et nous lui rapportons sans cesse par nos perpétuelles interrogations les vérités particulières auxquelles il nous est donné d'atteindre, et qui en reçoivent un caractère ineffaçable d'unité et de concordance.

Cette Raison universelle est donc le fondement de notre raison particulière, qui se trouve avec elle en une communion perpétuelle, et est par elle en un commerce permanent avec tous les êtres intelligents.

La concordance des actes de notre entendement nous conduit ainsi à la considération de la Raison universelle qui en est le fondement, et cette considération raffermit en nous le sentiment de cette concordance dont elle nous montre la nécessité, et nous révèle l'origine divine.

Kant, comme nous l'avons vu précédemment, a attribué aux forces de notre entendement les lois qui en déterminent l'exercice, et il les a considérées comme une éclosion spontanée, se produisant sans aucune intervention d'une force supérieure et créatrice. Dès lors le consentement des hommes à des vérités générales, et cet accord des esprits (*communis sponsio*) qui constitue la vie sociale, deviennent tout à fait incompréhensibles, aucun sentiment commun ne venant lier entre elles les intelligences particulières, dont chacune demeure indépendante et isolée dans son infranchissable domaine..

Mais il n'en est pas ainsi, car la Raison (ainsi que son nom l'indique) est la force ordinatrice qui unit toutes les intelligences, lesquelles constituent par elle sur des bases inébranlables la société à jamais subsistante des êtres rationnels.

IV. — *Tous les objets intérieurs et extérieurs de notre connaissance sont conçus par notre esprit comme soumis à un ordre invariable.*

La notion de l'ordre s'offre à notre intelligence comme la synthèse universelle des rapports réels des choses, tels qu'ils sont déterminés par les lois particulières de leur nature, et cette synthèse se présente comme l'expression d'une loi générale qui concorde avec ces lois particulières, et assure le développement de toutes les existences.

L'ordre est la liaison effective des choses, comme la raison est l'enchaînement des idées qui les représentent. L'ordre est donc l'expression réelle de la raison, comme la raison est la représentation idéelle et formelle de l'ordre. Nous rapportons l'ordre à la justice de Dieu, comme la raison à sa sagesse, et tous deux à son ineffable et vivante unité.

L'ordre embrassant l'infinité des choses, il n'est donné à notre esprit limité ni d'en pénétrer l'essence, ni d'en saisir les manifestations dans leur universalité ; mais, grâce aux lois qui régissent notre intelligence, nous pouvons le concevoir et le reconnaître dans les objets de notre connaissance, et nous avons l'invincible besoin de chercher à le réaliser dans toutes les manifestations de notre activité, dans nos pensées, dans nos sentiments et dans les actes de notre vie pratique.

Ainsi tous les objets de notre connaissance nous apparaissent soumis à un Ordre constant et général, but commun des lois particulières qui déterminent les conditions spéciales des existences, et nous concevons cet Ordre comme embrassant les notions de l'intelligence et les déterminations de la volonté.

C'est la stabilité de l'Ordre général qui rend possible et qui assure l'investigation scientifique. L'ordre est également pour nous l'expression du fonctionnement régulier de nos facultés personnelles et collectives, et c'est par lui que l'homme faisant concorder ses connaissances et ses volitions, parvient à constituer l'assiette normale de sa vie rationnelle. Se conformer à l'Ordre, c'est se placer dans les conditions naturelles de développement et de progrès ; c'est obéir à la loi divine, et se conformer à l'admirable précepte des Stoïciens : Naturam sequere. S'en écarter, c'est fausser les rapports nécessaires des choses, c'est troubler la paix de l'âme, et se procurer d'inévitables souffrances.

C'est par l'Ordre, et par la Justice qui l'impose et l'assure, que subsiste la vie commune dans les divers cercles de l'expansion de la socialité humaine, et les conditions de l'Ordre, les injonctions de la Justice veulent, pour que la vie commune se maintienne et se développe, que tous les individus qui y participent aient le sentiment de leur intime solidarité, et que les efforts de chacun concourent à la félicité de tous. La réalité de l'Ordre, comme principe fondamental et constitutif de toutes les agrégations sociales, est un des plus vifs sentiments de la conscience humaine, et toutes les associations, depuis les plus élémentaires jusqu'aux plus étendues, s'efforcent de l'assurer dans la mesure et par les moyens proportionnés au degré de leurs lumières et de leur puissance.

Disons de plus, que la réalité de l'Ordre ne nous est jamais aussi vivement attestée que par les actes déréglés et coupables qui viennent troubler parfois l'état normal et nécessaire des relations humaines.

Cet Ordre par qui vivent, se conservent et se développent toutes les existences, d'après lequel se règlent les mouvements des masses célestes, et ceux du plus imperceptible insecte, les élans de la conscience de l'homme le plus obscur, et les efforts des chefs des plus puissants empires, cet Ordre est une Réalité spirituelle et intelligible, que nous ne percevons pas par nos sens, mais par une conception de la Raison.

Cependant, ne l'oublions pas, aux yeux de la Doctrine critique, cette notion, confirmée par les sentiments et les actes de tout le genre humain, n'est qu'une combinaison illusoire de notre esprit, car comme elle dépasse la portée de notre intuition sensible, rien ne saurait être donné en dehors de nous qui y corresponde et la réalise !

CHAPITRE XIV

DISCUSSION DU PROBLÈME THÉOLOGIQUE

§ 1er

Dans les considérations que nous venons de développer, nous nous sommes efforcé de montrer comment les principes fondamentaux sur lesquels repose à tous les degrés le système entier de nos connaissances, nous conduisent à affirmer les vérités essentielles de la Théologie rationnelle: Ces principes nous font reconnaître l'Unité immatérielle de la Personnalité humaine, la Réalité de la Nature et de son divin auteur, ainsi que celle des attributs de Perfection infinie qui appartiennent à l'Essence souveraine et infinie.

Nous allons voir comment ont été réfutés par Kant les arguments des philosophes qui ont imprudemment entrepris de prouver à priori les vérités théologiques.

Kant expose que les preuves par lesquelles on a cherché à établir la nécessité de l'existence d'un Être suprême, sont au nombre de trois : la preuve *physico-théologique*, la preuve *cosmologique*, et la preuve *ontologique ;* la première se fondant sur la régularité et l'ordre du monde physique pour en conclure l'existence, hors du monde, d'une cause suprême; la seconde, prenant pour point de départ la contingence des phénomènes pour établir l'existence d'un Être nécessaire; la troisième, enfin, faisant abstraction de toute expérience, et concluant tout à fait à priori de la simple conception de la cause suprême à l'existence réelle de cette cause. Il commence, toutefois, par discuter la preuve transcendantale et ontologique, parce que c'est toujours sur ce concept transcendantal que se fondent les preuves diverses qu'il a énumérées.

Il établit aisément (bien qu'au moyen de raisonnements compliqués, qu'il était facile de ramener à une forme plus générale et plus simple) qu'on ne peut établir aucune liaison logique entre la production d'un concept et l'existence d'une Réalité qui y corresponde. Remarquons cependant que cette impossibilité ne concerne que le rapport logique, et que la réalité de cette correspondance n'en demeure pas moins un des principes essentiels et une des bases nécessaires de notre connaissance.

Il est trop évident, en effet, qu'une intuition réelle ne peut pas être prouvée par une série quelconque d'opérations et de déductions discursives, lesquelles se réfèrent toutes à une intuition préalable et la supposent.

Kant allègue un singulier exemple de la différence qui existe entre un concept et la réalité qui y correspond, en montrant que la possession réelle d'une somme de cent thalers est tout autre chose que le simple concept de cette somme, confondant ainsi une production illusoire de la fantaisie avec un concept philosophique tiré des profondeurs de la conscience. C'est un cas pathologique, un signe d'aliénation mentale, d'attribuer la réalité aux visions de l'imagination ; mais c'est, au contraire, un besoin absolu de notre entendement, que de rapporter nos représentations à des objets extérieurs qui nous en donnent la connaissance, et c'est un acte de déraison philosophique que de nier, en vertu de déductions logiques, la correspondance nécessaire des perceptions de notre sens intime avec la réalité extérieure qui les détermine.

Le passage qui va suivre (1) fera bien comprendre le point de vue auquel s'est placé Kant dans sa réfutation de la preuve ontologique.

« Le concept d'un être suprême est une idée très-utile à
» beaucoup d'égards; mais précisément parce qu'il n'est
» qu'une *idée*, il est tout à fait incapable d'étendre à lui
» seul notre connaissance par rapport à ce qui existe. Il ne
» peut même pas nous instruire davantage relativement à la
» possibilité. Le caractère analytique de la possibilité, qui
» consiste en ce que de simples positions n'engendrent pas
» de contradiction, ne peut sans doute lui être contesté ;
» mais comme la liaison de toutes les propriétés réelles en
» une chose, est une synthèse dont nous ne pouvons juger
» à priori la possibilité, puisque les réalités ne nous sont
» pas données spécifiquement, et que, quand même cela
» arriverait, il n'en résulterait aucun jugement, le caractère
» de la possibilité des connaissances synthétiques devant
» toujours être cherché dans l'expérience à laquelle l'objet
» d'une idée ne peut appartenir, il s'en faut de beaucoup que
» l'illustre Leibnitz ait fait ce dont il se flattait, c'est-à-dire
» qu'il soit parvenu à connaître à priori la possibilité d'un
» être idéal aussi élevé.

» Cette preuve ontologique (cartésienne) si vantée, qui
» prétend démontrer par des concepts l'existence d'un Être

---

(1) *Critique de la Raison pure* (II, Th., II, Abth., II. Buch., 3. Hauptsh., 4, Abschn. : Unmöglichkeit eines ontol. Beweises).

» suprême, perd donc toute sa peine, et l'on ne deviendra
» pas plus riche en connaissances avec de simples idées,
» qu'un marchand ne le deviendrait en argent, si, dans la
» pensée d'augmenter sa fortune, il ajoutait quelques zéros
» à son livre de caisse. »

Ce passage peut donner lieu à d'utiles observations. Rappelons d'abord que dans la terminologie de Kant, l'*idée* diffère du *concept* en ce qu'elle dépasse le cercle des perceptions sensibles; ainsi, dans le langage de notre philosophe, cette dénomination exprime déjà une conception arbitraire de la Raison, à laquelle ne peut se rapporter, selon lui, aucun objet de l'expérience, ni aucune réalité, puisqu'il ne reconnaît rien de réel en dehors de l'expérience. En qualifiant d'*idée* le concept de l'Être suprême, Kant en a donc énoncé le rejet, et son raisonnement peut se réduire à ces termes : *Nul objet réel ne peut être conçu en dehors de l'expérience ; le concept d'un Être suprême ne correspond avec aucune donnée de l'expérience ; donc il est dépourvu de toute réalité.* Mais la *majeure* de ce syllogisme est non-seulement indémontrable, elle contredit toutes les données que fournissent les manifestations générales de l'activité humaine, lesquelles nous montrent que nous obéissons à un invincible besoin de notre nature, en reconnaissant, au delà de toute expérience, des réalités intelligibles, et en donnant dans notre pensée à ces éléments supersensibles une place prépondérante et directrice.

Quant à la dernière partie du passage que nous avons cité, c'est une malheureuse reproduction de l'exemple des cent thalers rappelé par nous tout à l'heure, et l'on a droit de s'étonner de voir dans une discussion philosophique de cette importance un homme tel que Kant se complaire à mettre sur le même rang l'illusion d'un cerveau malade, et une idée admise par l'assentiment commun du genre humain.

Nous avons montré, d'ailleurs, qu'il était impossible de tirer du simple rapport de nos concepts la démonstration formelle de la réalité d'un objet quelconque de notre intuition, qu'il soit matériel ou spirituel. Au point de vue logique, la preuve ontologique ne peut donc pas subsister, et il en est de même de toutes les démonstrations discursives par lesquelles on entreprend de prouver la Réalité de la Personne divine. Insistons toutefois pour remarquer que c'est la forme de la démonstration, et sa prétendue valeur scientifique, qui sont fautives et inadmissibles, mais qu'il est des voies plus larges et plus sûres par lesquelles notre esprit parvient à atteindre les vérités métaphysiques.

Ces vérités, comme toutes les perceptions intuitives quelconques, sont donc logiquement indémontrables, et c'est une vaine tentative que d'entreprendre de les établir par des démonstrations formelles; mais nous avons vu qu'il est, en revanche, d'indémontrables axiomes dont l'évidence est irrécusable, et qui sont la condition nécessaire de tout exercice de notre pensée. En effet, par quels arguments pourrait-on démontrer que les modifications de notre sensibilité, et toutes leurs représentations successives doivent s'attribuer à un *Moi* permanent et unique? Par quel lien purement rationnel pourrait-on rattacher nos perceptions intérieures à des objets extérieurs qui leur correspondent? Comment, enfin, lier logiquement le *Moi* et le *Non-Moi*, que sépare, au point de vue discursif, un infranchissable abîme? Si l'on n'admettait *a priori*, et comme une vérité indiscutable, la correspondance de nos représentations avec les objets représentés, comment aurions-nous de véritables connaissances, des connaissances *objectives*, pour employer le langage des vieux métaphysiciens ?

Il est illégitime, au point de vue de la logique, de conclure de la production d'un concept à la Réalité d'un objet qui lui corresponde ; la nécessité de cette correspondance sur laquelle repose *la preuve ontologique* est donc abusivement invoquée, quand on veut l'établir par une argumentation méthodique. Mais la conclusion de cet argument vicieux dans sa forme n'en subsiste pas moins tout entière, quand on considère le concept de la Personne divine comme la représentation d'une intuition indémontrable (comme le sont toutes les intuitions), et que l'on se fonde sur la correspondance de toute représentation avec son objet nécessaire pour affirmer la Réalité de l'Être divin.

Ainsi si les conditions naturelles de notre faculté discursive nous interdisent de produire logiquement une *preuve ontologique* de la Réalité de la Personne divine, nous avons, ce qui a une bien autre valeur, un *principe ontologique*, qui nous fait affirmer cette Réalité avec une conviction inébranlable.

§ 2

« La preuve cosmologique (ce sont les paroles de Kant)
» commence proprement par l'expérience, et, par conséquent,
» elle n'est pas tout à fait déduite à priori, ou ontologique-
» ment, et, comme l'objet de toute expérience possible s'ap-
» pelle *le Monde*, on la nomme pour cette raison *la preuve*
» *cosmologique*. Comme elle fait d'ailleurs abstraction de

» toute propriété particulière des objets de l'expérience, elle
» se distingue déjà, par son titre même, de la preuve *phy-*
» *sico-théologique*, qui cherche ses arguments dans des
» observations tirées de la nature particulière de notre monde
» sensible. »

Il est évident qu'aucune argumentation logique ne peut établir de lien entre deux existences hétérogènes, l'une dépendante et finie, l'autre absolue et infinie. Si l'on pose en effet comme proposition initiale d'un raisonnement, comme la *majeure* d'un syllogisme, le principe créateur et absolu, impliquant toute existence conditionnelle et particulière, on commence par affirmer, sans la prouver en aucune façon, la proposition même dont on entreprend la démonstration. Si l'on part, au contraire, de l'existence particulière, rien ne peut rattacher logiquement cette existence contingente à un Être nécessaire ; le raisonnement déductif se trouve donc insuffisant, quelle qu'en soit la construction. Le vice d'une semblable argumentation se faisait aisément reconnaître, sans qu'il y eût besoin de recourir à la longue série des arguments compliqués par lesquels Kant a établi l'inconsistance de la preuve cosmologique. Mais, dans ces subtiles discussions, Kant ne s'est pas borné à montrer l'incompétence de l'argumentation des métaphysiciens ; il a voulu prouver que toute affirmation de ce genre était inadmissible, quelle que fût la méthode employée, et que l'esprit humain ne pouvant dépasser l'intuition sensible il lui était absolument interdit d'attribuer les phénomènes à une cause efficiente.

Kant montre que les raisonnements employés pour établir la preuve cosmologique ne diffèrent pas de ceux par lesquels on soutient la preuve ontologique, car cette discussion qui commence par établir un fait de l'expérience (les existences particulières synthétisées dans la notion du Monde), abandonne bientôt ce terrain, et s'efforce, comme dans la preuve ontologique, de démontrer une Réalité causale, au moyen de concepts, et en concluant de la conception d'un Être nécessaire à la Réalité de son existence.

Kant s'applique encore une fois, dans cette discussion, à contester la valeur du principe de causalité. « Cette argumentation,
» dit-il, repose sur cette *loi* naturelle, soi-disant transcen-
» dantale, de la *causalité*, à savoir, que tout ce qui est
» contingent a sa cause, et que cette cause, si elle est con-
» tingente à son tour, doit aussi avoir une cause, jusqu'à ce
» que la série des causes subordonnées les unes aux autres,
» s'arrête à une cause absolument nécessaire, sans laquelle
» elle ne serait jamais complète. »

Et plus loin il ajoute : « On y trouve donc, par exemple :
» 1° Le principe transcendantal qui conclut du contingent à
» une cause, *principe qui n'a de valeur que dans le monde*
» *sensible, et qui n'a même plus aucun sens en dehors de ce*
» *monde*. En effet, le concept purement intellectuel du con-
» tingent ne peut produire aucune proposition synthétique
» telle que celle de causalité, et le principe de celle-ci n'a de
» valeur et d'usage que dans le monde sensible ; or il fau-
» drait ici qu'il servît précisément à sortir de ce monde.
» 2° Le raisonnement qui consiste à conclure de l'impossi-
» bilité d'une série infinie de causes données les unes au-
» dessus des autres dans le monde sensible, à une cause
» première ; les principes de l'usage rationnel ne nous au-
» torisent pas à conclure ainsi, même dans l'expérience,
» là où cette chaîne ne peut pas être prolongée. »

Le nœud de la question réside ainsi dans le principe de

causalité, dans son étendue et dans sa valeur, et, comme nous l'avons vu dans les antinomies, c'est en en contestant la validité, que Kant a refusé à l'esprit humain le droit de s'élever à la reconnaissance d'un Être nécessaire.

Il dit avec raison que ce principe n'est point donné dans le concept purement intellectuel du *contingent*, et qu'il n'en peut pas être déduit. Ce concept de *contingent* pris logiquement, et en lui-même, se borne en effet à exprimer qu'un phénomène donné ne possède pas en lui-même sa cause efficiente ; il n'exprime pas la nécessité de son attribution à une cause quelconque, particulière ou universelle. La notion de *cause* est une conception toute spéciale qui dérive d'une perception supérieure à toute intuition sensible, et établit un principe s'imposant à notre connaissance, comme une des conditions nécessaires de son exercice.

Tous les efforts de la dialectique viennent se briser contre la nécessité et l'universalité de cette loi de causalité. Kant avait été forcé d'en reconnaître lui-même la nécessité, pour établir l'*expérience*, et rien ne l'autorisait à en restreindre l'exercice dans la limite des perceptions phénoménales, lorsque tous les actes de notre intelligence nous montrent, au contraire, qu'il est de l'essence même de cette loi de dépasser le cercle des existences corporelles, pour rattacher l'ensemble des existences, le Monde, à une Cause efficiente, nécessaire et absolue, comme au point fixe où s'arrête la chaîne indéfinie des effets et des causes.

Ainsi, et comme dans la discussion précédente, si nous ne pouvons pas produire logiquement une *preuve cosmologique* de la réalité de la Personne divine, nous pouvons, en nous appuyant sur l'observation des lois qui déterminent les manifestations de notre pensée, ainsi que sur l'assentiment général de l'Humanité, attesté par les innombrables expressions de ses croyances et de ses actes, nous pouvons, disons-nous, affirmer un *principe cosmologique*, en vertu duquel nous attribuons le Monde et ses contingences à une Cause créatrice, nécessaire et infinie.

§ 3

Avant d'entreprendre la discussion de la preuve *physico-théologique*, Kant s'est livré à une longue et fort obscure dissertation qu'il a intitulée : *Découverte et explication de l'apparence dialectique dans toutes les preuves transcendantales de l'existence d'un Être nécessaire.*

Il rappelle, en commençant, que les preuves de l'existence d'un Être suprême qu'il vient de discuter (l'ontologique et la cosmologique) se fondent sur de purs concepts, et il se demande *quelle peut être la cause de l'apparence dialectique, mais naturelle, qui unit les concepts de la nécessité et de la suprême réalité, et qui réalise et hypostasie ce qui pourtant n'est qu'une idée?* (Nous savons que Kant entend par *idée* un concept dépourvu d'une réalité qui lui corresponde, et conséquemment illusoire.)

Il passe de là à montrer que nous nous trouvons entraînés, d'une part, à superposer à toute existence contingente un objet dont l'existence est nécessaire; et, de l'autre, à nier toute possibilité de concevoir une chose quelconque possédant un caractère de nécessité.

Nous retrouvons ici cette alternative perpétuelle, présentée comme nécessaire, d'une thèse et d une antithèse irréductibles,

entre lesquelles notre philosophe a condamné systématiquement la raison à une oscillation incessante. Il cherche cependant à concilier d'une certaine façon ces deux mouvements contradictoires de notre raison, en les admettant tous deux « comme des principes *euristiques (régulateurs)* ne concernant
» que *l'intérêt formel de la raison*. En effet, l'un de ces principes nous dit que nous devons philosopher sur la nature comme s'il y avait pour tout ce qui appartient à l'existence un premier principe nécessaire, afin uniquement de mettre dans notre connaissance de l'unité systématique, en suivant une telle idée, je veux dire UN PRINCIPE SUPRÊME IMAGINAIRE.
» L'autre, de son côté, nous avertit de n'admettre comme
» principe suprême de ce genre, c'est-à-dire comme absolu-
» ment nécessaire, aucune détermination concernant l'exis-
» tence des choses, mais de tenir toujours la porte ouverte
» à une explication ultérieure, et par conséquent de ne re-
» garder jamais aucune de ces déterminations que comme
» conditionnelle ».

Rattachons-nous, pour sortir de ce chaos, au principe de *non-contradiction*, qui est le principe réellement *régulateur* de notre connaissance, et reconnaissons dans cette inextricable confusion des idées et des termes une preuve nouvelle de l'inconsistance de la doctrine critique.

Ainsi Kant considère l'idée ou l'idéal de l'Être suprême, comme n'ayant qu'une valeur régulatrice qui n'implique aucunement une réalité correspondante, et même qui la contredit d'une manière absolue. C'est abusivement, dit-il, et par une *subreption*, que l'on conçoit ce principe formel comme un principe constitutif, et que l'on arrive à l'hypostasier, en le considérant comme un Être souverainement réel.

Il conclut en disant que « la matière, et en général ce
» qui appartient au monde, n'est pas applicable à l'idée d'un
» Être premier et nécessaire....., et que nous devons placer
» cet Être hors du monde : alors, en effet, nous pouvons
» toujours dériver avec confiance les phénomènes du monde
» et leur existence d'autres phénomènes, *comme s'il n'y*
» *avait pas d'Être nécessaire*, et nous pouvons cependant
» tendre sans cesse à l'achèvement de la dérivation, comme
» si un tel Être était SUPPOSÉ à titre de principe suprême ».

Ces raisonnements compliqués, ces distinctions si difficilement saisissables reproduisent en des termes différents les principes fondamentaux de la doctrine de notre philosophe, que nous nous sommes si souvent efforcé de contredire. Nous nous bornerons donc à rappeler que nous nous trouvons toujours en face des mêmes négations, et des mêmes artifices dialectiques.

Disons d'abord que les expressions, *dans le monde, et hors du monde*, employées par Kant dans cette discussion, n'offrent à l'esprit aucun sens précis et Kant, en reléguant *hors du monde* le concept de l'Être suprême, n'a voulu que supprimer dans l'objet de ce concept toute action efficiente et réelle sur les choses de ce monde et sur la marche des phénomènes, en ne lui accordant ainsi qu'une existence nominale, et inefficace.

Ces expressions de *monde* et de *hors du monde*, prises dans leur sens naturel, ont l'inconvénient de représenter par une *image* les choses intelligibles qui ne sont susceptibles d'aucune figuration ; elles ne présentent donc aucun sens philosophique et réel. Dans les conditions présentes de notre existence, nous nous trouvons placés à la fois, et au milieu d'un ensemble de phénomènes matériels et sensibles, et au milieu d'éléments spirituels et intelligibles; nous puisons simultanément dans les uns et dans les autres les éléments de notre connaissance, recevant par notre sensibilité des perceptions phénoménales, et par notre raison les lois et les principes régulateurs qui rendent accessibles à notre connaissance les perceptions de notre sensibilité. Nous éprouvons des besoins physiques, nous avons des volitions confuses et indéfinies, et nous percevons des notions supérieures par lesquelles nous réglons ces mouvements divergents, en les soumettant à des règles inflexibles qui nous prescrivent de coordonner nos actes pratiques, d'après un Idéal de moralité et de justice.

C'est ainsi que s'opère incessamment, et sans aucun effort, dans l'entendement et dans la conscience, tant au point de vue spéculatif qu'au point de vue pratique, l'accord des éléments divers de notre double intuition, et que toute contradiction disparaît dans une liaison intime et une subordination harmonieuse.

C'est donc inexactement s'exprimer que de ne reconnaître dans le *Monde* que des choses matérielles et visibles, et de reléguer *hors du monde* les choses spirituelles et invisibles, tandis que tout nous révèle autour de nous la coexistence simultanée, et également objective et réelle, des éléments corporels et des éléments spirituels.

Mais Kant, en repoussant hors du monde la Réalité essentielle et suprême, a voulu soustraire la marche naturelle des phénomènes à toute action de la Providence divine, et il n'a consenti à laisser concevoir *hors du monde* la Personnalité suprême, qu'en lui enlevant tous ses attributs, et en en faisant une notion hypothétique qu'il croyait pouvoir suffire à la satisfaction des besoins irrationnels de quelques imaginations.

Mais pendant que toutes les expressions de nos facultés montrent l'action concordante et simultanée des deux éléments de notre existence, et que cet accord se manifeste dans la pensée, dans le langage, dans la conscience et dans toutes nos relations sociales, les sophistes, fermant les yeux à ces faits d'une palpable évidence, s'efforcent de désagréger ces éléments, et de nous les représenter comme absolument inconciliables. La puissance discursive de notre entendement, détournée de ses fonctions naturelles, devient l'instrument de cette désagrégation, lorsque, poussée hors de ses limites, on l'appelle à démontrer les réalités qui la surpassent.

Nous avons vu que les procédés logiques s'appliquent à des données intuitives initiales, qu'ils ne peuvent que développer; ce développement, et la conclusion qui en résulte, dépendent donc entièrement du point de départ d'un raisonnement, qui cesse d'être valable quand il contient des éléments hétérogènes. Que la donnée première se réfère à un objet de l'intuition intelligible, la conclusion sera absolument immatérielle, et repoussera tout élément sensible; qu'elle soit matérielle, et la conséquence exclura avec la même rigueur tout élément spirituel. De là ces antinomies, ces inévitables contradictions, qu'il faut bien se garder d'attribuer avec Kant aux conditions intrinsèques de notre Raison, et qui ne proviennent que de l'abus de notre faculté logique. C'est donc d'une dialectique fallacieuse que naissent ces contradictions, et une complète confusion résulte nécessairement de l'opposition des prémisses, ainsi que de l'inexactitude des termes de l'argumentation.

Kant a enfermé notre pensée (soit quand il en restreint l'exercice sous le nom d'*Entendement*, ou qu'il lui assigne une sphère plus étendue, en l'appelant *Raison*), dans la faculté discursive, et il a demandé à la Dialectique la démonstration et la reconnaissance de toutes les vérités. Ceci explique comment les problèmes les plus élevés se sont présentés tour à tour à ce puissant esprit sous un aspect opposé, et comment il a pu en admettre avec indifférence les solutions contradictoires.

Cependant le principe de *non-contradiction* nous est un guide infaillible dans tous les développements de notre pensée, et nos concepts et nos jugements doivent offrir nécessairement une parfaite concordance, parce que les objets de notre double intuition s'accordent naturellement dans notre conscience, où les éléments matériels se trouvent subordonnés aux principes immatériels et supérieurs qui en sont le support.

Là où apparaissent les contradictions, là se trouvent le sophisme et l'erreur ; et une doctrine qui, comme celle de notre philosophe, admet comme nécessaire l'affirmation de principes contraires ayant une égale autorité, témoigne clairement de sa radicale incompétence.

§ 4

La preuve appelée par Kant *physico-théologique* se distingue de la preuve *cosmologique*, en ce que pendant que celle-ci part du concept général du *Monde*, de l'ensemble des phénomènes, envisagé comme *contingent*, pour s'élever à la conception d'un principe *nécessaire*, la preuve *physico-*

théologique se fonde sur les détails de cet ensemble, et sur l'ordonnance providentielle qui s'y révèle, pour les attribuer à la toute-puissance d'un Être infini.

Les mêmes arguments, employés par Kant pour repousser la validité des deux preuves précédentes, le conduisent également à rejeter la preuve qui est l'objet de cette discussion.

Citons cependant ces paroles par lesquelles il semble donner à cette preuve une adhésion absolue :

« Cet argument mérite d'être toujours rappelé avec res-
» pect; c'est le plus ancien, le plus clair et le mieux appro-
» prié à la raison commune. Il vivifie l'étude de la nature,
» en même temps qu'il en tire sa propre existence, et qu'il
» y puise toujours de nouvelles forces; il conduit à des fins et
» à des desseins que notre observation n'aurait pas décou-
» verts d'elle-même, et il étend notre connaissance de la
» nature, en nous donnant pour fil conducteur une unité
» particulière, dont le principe est en dehors de la nature
» même. Cette connaissance réagit à son tour sur sa cause,
» c'est-à-dire sur l'idée qui l'a suggérée, et ELLE ÉLÈVE NOTRE
» CROYANCE EN UN SUPRÊME AUTEUR JUSQU'A LA PLUS IRRÉ-
» SISTIBLE CONVICTION. »

On devait croire qu'après une déclaration aussi explicite Kant aurait admis définitivement la preuve physico-théologique, et en aurait accepté sans réserve les conclusions, car qu'y a-t-il, pour exprimer une croyance, de plus affirmatif que la *conviction la plus irrésistible*?

Mais il n'en a rien été : Kant a persisté, malgré une déclaration aussi formelle, à nier la validité de cette preuve, comme il avait repoussé les preuves précédentes, et la *con-*

viction la plus irrésistible a bientôt cédé dans son esprit aux premiers efforts de la Dialectique.

Citons ses paroles :

« Le pas qui conduit à l'absolue totalité est absolument
» impossible par la voie empirique. C'est cependant ce pas
» que l'on prétend faire dans la preuve physico-théologique.
» Quel est donc le moyen qu'on emploie pour franchir un
» tel abîme ?

» Après en être venu à admirer la grandeur, la sagesse,
» la puissance, etc., de l'auteur du monde, ne pouvant
» aller plus loin, on abandonne tout à coup cet argument
» qui se fondait sur des preuves empiriques, et l'on passe à
» la contingence du monde, conclue, dès le début, de l'ordre
» et de la finalité qui s'y trouvent. De cette contingence, on
» s'élève maintenant, au moyen de concepts purement trans-
» cendantaux, jusqu'à l'existence d'un être absolument né-
» cessaire, et du concept de l'absolue nécessité de la cause
» première on s'élève à un concept de cet être qui est abso-
» lument déterminé, ou déterminant, c'est-à-dire au concept
» d'une réalité qui embrasse tout. La preuve physico-théo-
» logique se trouve donc arrêtée au milieu de son entre-
» prise ; dans son embarras, elle saute tout à coup à la
» preuve cosmologique ; et, comme celle-ci n'est qu'une
» preuve ontologique déguisée, la première n'atteint réelle-
» ment son but qu'au moyen de la raison pure, quoiqu'elle
» ait commencé par repousser toute parenté avec elle, et
» qu'elle ait voulu tout fonder sur des preuves tirées de
» l'expérience. »

Il avait dit auparavant, en introduisant la discussion de la preuve physico-théologique :

» Après toutes les remarques précédentes, on verra tout

» de suite que la solution de cette question doit être aisée
» et concluante. En effet, comment une expérience peut-
» elle être jamais donnée qui soit adéquate à une idée?
» C'est précisément le propre de l'idée que jamais aucune
» expérience ne puisse lui être adéquate. L'idée transcen-
» dantale d'un Être premier, nécessaire, et absolument suf-
» fisant, est si immensément grande, si élevée au-dessus de
» de ce qui est empirique, chose toujours conditionnelle,
» que, d'une part, on ne saurait jamais trouver assez de
» matière dans l'expérience pour remplir un tel concept, et
» que, d'autre part, on tâtonne toujours dans le condition-
» nel, et que l'on cherche toujours en vain l'inconditionnel,
» dont aucune loi d'une synthèse empirique ne donne ni un
» exemple, ni le moindre indice.

» Si l'Être suprême était dans cette chaîne des conditions,
» il serait lui-même un anneau de la série ; et, de même
» que les anneaux inférieurs en tête desquels il est placé, il
» exigerait la recherche ultérieure d'un principe encore
» plus élevé. Veut-on au contraire le détacher de cette
» chaîne, et, en tant qu'être purement intelligible, ne pas
» le comprendre dans la série des causes naturelles, quel
» pont la raison peut-elle bien jeter pour arriver jusqu'à
» lui ? Toutes les lois du passage des effets aux causes, toute
» synthèse même et toute extension de notre connaissance
» en général, n'ont-elles pas uniquement pour but l'expé-
» rience possible, c'est-à-dire les objets du monde sensible,
» et peuvent-elles avoir un autre sens ? »

Nous retrouvons dans ce qui précède les affirmations et les exclusions que nous avons tant de fois reproduites et combattues. Ainsi, selon Kant, notre connaissance doit s'arrêter à l'expérience sensible, sans jamais la dépasser. Toute *idée* est un concept général qui, dépassant l'expérience, est une production arbitraire et fantastique de l'esprit. La notion d'un Être nécessaire est une *idée*; rien ne peut s'y rapporter dans l'expérience, donc elle est inadmissible.

En conséquence, pour satisfaire aux conditions imposées par Kant à notre pensée, et pour qu'il adhérât au sentiment universel de l'Humanité sur ce point si essentiel de ses croyances, il eût fallu qu'un Être matériel s'élevât à ses yeux du milieu du Monde, se déclarant, au bruit du tonnerre, l'auteur des merveilles qui éclatent à nos regards, et que le Dieu infini et incompréhensible se transformât ainsi en une Idole périssable et sensible. La question serait cependant toujours demeurée tout aussi insoluble pour notre philosophe, malgré cette terrifiante apparition, car la Raison, condamnée par lui à enfanter perpétuellement des illusions et des fantômes, n'en eût pas moins continué à produire un principe nécessaire, dépassant infiniment cette Entité visible, apparue pour revendiquer l'autorité suprême, et elle n'eût point cessé de lui opposer un concept supérieur, condamné lui-même à l'avance à être absolument illusoire.

Kant a beau célébrer dans cette discussion les beautés de la création, et témoigner du respect pour le sentiment qui a poussé les philosophes de tous les temps à attribuer les merveilles de ce monde à une Providence créatrice. Tout en présentant une pareille croyance comme éminemment consolante et utile, il ne la détruit pas moins d'une manière radicale, en lui enlevant toute consistance théorique. Pour lui il n'y a point de réalité au delà de l'expérience sensible, laquelle n'embrassant que des phénomènes contingents, ne peut rencontrer nulle part un élément nécessaire. Cependant il nous représente la Raison comme invinciblement poussée à concevoir cet élément nécessaire ; mais la Raison est pour lui une faculté trompeuse dont les *idées* reposent sur le vide, et dont les conclusions n'ont aucune valeur. Ainsi lorsque notre faculté mentale atteint son degré le plus élevé, elle nous entoure, selon lui, d'illusions qu'il nous faut repousser comme inconsistantes et mensongères, mais dont il nous est toutefois impossible de nous délivrer.

La négation des idées divines est donc le caractère distinctif de la doctrine de Kant, et la dialectique qui en est le fondement apparaît de plus en plus inadmissible, lorsque, la dégageant de ses ténèbres, on en montre l'esprit véritable.

Ainsi, et pour résumer cette discussion, l'Ordre universel qui se montre partout à nos yeux dans les choses de la matière, et dans celles de l'esprit, ne nous conduit certainement pas à produire par une démonstration logique la *Preuve* ordinale (physico-théologique) de la Réalité divine ; mais cet Ordre nous manifeste un *Principe* ordinal absolu, et nous appuyant sur les conditions intrinsèques de notre pensée, ainsi que sur le sentiment universel de l'Humanité, nous le reportons légitimement à une Cause suprême et infinie, à une Providence créatrice et conservatrice, dont l'action est incessante, et dont la sagesse est infaillible.

§ 5

Après avoir discuté sous ces divers aspects le problème théologique, Kant a procédé à un examen général de la question religieuse, pour passer ensuite à exposer le rôle et les fonctions spéciales de la Raison ; son argumentation porte principalement sur l'autorité et les limites de la loi de causalité. Nous nous épargnerons de la reproduire, pour éviter la fastidieuse répétition des mêmes raisonnements et des mêmes répliques.

Bornons-nous à rappeler les principales négations qui résultent de la polémique de notre philosophe. Ainsi le rejet du principe de causalité supprime toute voie pour nous conduire à la solution de la question théologique, but suprême de notre connaissance ; ce but disparaît lui-même par la négation de toute intuition intelligible, et enfin dans cet impossible voyage notre marche se trouve empêchée par les insurmontables obstacles qu'y oppose la méthode toute dialectique de la discussion, telles sont les conditions dans lesquelles Kant a resserré l'étude de la plus haute des questions philosophiques. Pouvait-elle aboutir à autre chose qu'à une négation absolue ?

Kant a soutenu cependant que ses déductions n'exprimaient point la négation de l'Être nécessaire et suprême, et qu'il s'était seulement abstenu de toute décision affirmative ou négative, en se bornant à proclamer à cet égard l'incompétence absolue de la Raison ; il fait même remarquer qu'il a accordé que, sans contredire la Raison, on pourrait admettre dans un certain sens la réalité du principe théologique, et y puiser des motifs de consolation et d'espérance ; il ajoute que, tout en regardant la Raison comme impuissante à nous procurer la solution de ce problème, il voit en elle un pouvoir régulateur capable de rectifier la connaissance de l'idée théologique et de montrer l'inconvenance de toute détermination anthropomorphique. De plus il présente les conclusions de son examen critique comme prouvant l'impossibilité de fonder sur des preuves valables un système antithéologique quelconque, qu'il soit athée ou

simplement déiste, car, dit-il, « les mêmes preuves qui dé-
» montrent l'impuissance de la raison humaine pour l'affir-
» mation de l'existence d'un Être nécessaire, suffisent né-
» cessairement aussi pour démontrer la vanité de toute
» assertion contraire ».

Mais d'où la Raison tirerait-elle ce pouvoir régulateur, et sur quoi se fonderait-elle pour le justifier, puisqu'elle a été condamnée par Kant à n'enfanter que des combinaisons illusoires?

Il répète un peu plus loin, que « tous ceux de nos raison-
» nements qui prétendent sortir du champ de l'expérience
» sont illusoires et sans fondement, et il ajoute que les
» idées transcendantales sont aussi naturelles à la raison, que
» les catégories le sont à l'entendement, avec cette différence
» seulement que, tandis que les dernières conduisent à la
» vérité, les premières ne produisent qu'une apparence;
» mais une apparence inévitable, dont on ne peut découvrir
» l'illusion que par la critique la plus pénétrante ».

Kant, en concédant à chacun le droit de résoudre à son gré la question théologique dont il avait sapé les fondements rationnels, encourage les déterminations anthropomorphiques, bien loin de les empêcher, car cette grave question se trouve ainsi réduite à n'être que la recherche d'une satisfaction personnelle, que l'on peut dès lors poursuivre arbitrairement, sans tenir aucun compte de principes rationnels et de lois nécessaires.

On ne saurait non plus considérer l'attitude de parfaite indifférence, et de neutralité conseillée à cet égard par Kant, comme une opposition suffisante aux négations de l'athéisme. L'argumentation transcendentale contredit l'athéisme, quand il s'exprime sous une forme dogmatique, et qu'il substitue systématiquement un principe matérialiste positif au principe spirituel ; mais, dans le plus grand nombre des cas, l'athéisme se produit sous une forme strictement négative, et l'argumentation transcendantale n'a rien à lui opposer, puisqu'elle contredit comme lui l'affirmation de la Réalité divine.

La négation de l'idée divine n'a pas seulement été produite par Kant à l'occasion de la discussion spéciale de la question théologique ; elle ressort du fond même de sa doctrine, et résulte originairement de l'exclusion de l'intuition intelligible, qui a fait repousser par notre philosophe toute idée de *substance* dans les objets de notre intuition matérielle, dans le monde, et jusque dans la conscience humaine. Il a produit d'ailleurs cette négation dans toute sa généralité dans la section de la *Critique de la Raison pure*, qu'il a intitulée *Critique de toute Théologie spéculative*.

Il y dit que « non-seulement l'idée d'un Être suprême,
» mais même les concepts de Réalité, de Substance, de Cau-
» salité, ceux de Nécessité dans l'Existence, perdent toute
» signification, et ne sont plus que de vains titres de con-
» cepts, sans aucun contenu, quand on se hasarde de sortir
» avec eux du champ des choses sensibles ».

En examinant les raisons qui conduisent à admettre ou à rejeter l'unité substantielle de la personnalité humaine, il s'exprime en ces termes : « Une idée psychologique de ce
» genre ne peut offrir que des avantages, *si l'on se garde*
» *bien de la prendre pour quelque chose de plus qu'une*
» *simple idée,* c'est-à-dire si l'on se borne à l'appliquer à
» l'usage systématique de la Raison par rapport aux phéno-
» mènes de notre âme..... L'idée psychologique ne peut
» donc représenter autre chose que le schéma d'un concept
» régulateur. »

Y-a-t-il un sentiment plus profondément enraciné dans la conscience humaine que celui de l'individualité de la conscience? Ne sentons-nous pas à chaque moment que tous les mouvements actifs et passifs de notre sensibilité, que tous les actes de notre entendement, que toutes les déterminations de notre volonté, dérivent d'un centre unique qui se sent sensible, intelligent et responsable? C'est pousser bien loin la préoccupation sophistique que de substituer à une perception aussi indubitable que celle de notre individualité un simple concept artificiel, et il est étrange de voir Kant ne reconnaître l'idée psychologique que sous la forme d'une conception synthétique des phénomènes de notre âme, et de dire que réduite à ces termes cette idée n'offre que des avantages, à la condition toutefois de n'y pas reconnaître une réalité substantielle !

A tous les principes substantiels dont la réalité est vivement affirmée par l'esprit humain, Kant a entrepris de substituer des concepts hypothétiques, croyant satisfaire par leur moyen, dans les diverses manifestations de notre activité, les besoins d'affirmation, de liaison, et de croyance inhérents à notre nature. Ainsi l'unité du *moi* et la conception d'un principe vivant et unique constituant notre personnalité, est remplacé par le *schême* d'un *concept régulateur*, réunissant en une synthèse artificielle, en une attribution logique, les diverses manifestations de notre personnalité ; le principe vivant et unique qui anime le monde et en maintient toutes les parties dans une intime correspondance est également remplacé par un concept hypothétique, et nous entendons Kant nous dire à cet égard « que, si nous nous en » tenons à cette supposition comme à un principe purement » régulateur, l'erreur même ne peut pas nous être nuisible.

» En effet, il n'en peut résulter rien de plus, sinon que là où
» nous attendions un lien téléogique (*nexus finalis*), nous
» n'en trouvions qu'un purement mécanique ou physique,
» CE QUI NE NOUS PRIVE QUE D'UNE UNITÉ, mais ne nous fait
» pas perdre l'unité rationnelle dans son usage empirique ».
Et enfin, « prendre le principe régulateur de l'unité systéma-
» tique de la nature pour un principe constitutif, et ad-
» mettre hypostatiquement comme cause première *ce qui*
» *n'est pris qu'en idée* pour fondement de l'usage uniforme
» de la raison, c'est là ce qui s'appelle proprement ÉGARER
» LA RAISON ».

Ramenons à son expression la plus simple, cette étonnante transformation, mais disons en même temps que ces artifices dialectiques sont établis pour tromper la conscience par certaines circonvolutions du langage, qui paraissent la satisfaire en même temps qu'elles renversent ses plus légitimes croyances. Pour nous servir de la terminologie de Kant, nous pouvons concevoir une unité synthétique résumant tous les attributs de notre activité; mais il nous est interdit de l'*hypostasier*, à moins de nous laisser décevoir par une illusion transcendantale, c'est-à-dire, de les rapporter à une personne, à un *moi* vivant et réel. Nous pouvons également nous représenter par une conception logique une *Unité suprême;* mais il nous est interdit de l'*hypostasier*, c'est-à-dire de la rapporter à une personne, à une Unité vivante et infinie, à un Dieu, de qui tout émane, et qui maintient toutes les choses par sa sagesse infinie et son inépuisable providence.

Comme nous le dit Kant, il ne s'agit pour nous *que de nous priver d'une* UNITÉ, mais, avec cette Unité, tout disparaît et s'efface, et la Raison ne trouve devant elle qu'un insondable néant. Kant nous présente nos perceptions sensibles comme ayant pour condition absolue les formes de l'*espace* et du *temps ;* mais rien ne rattache ces formes à une Réalité supérieure, et il les a conçues comme de simples attributs de notre faculté représentative, ne dérivant que d'eux-mêmes « *proles sine matre creata* ». Nos perceptions sont déterminées et fixées par des lois catégoriques; mais ces lois, il les considère comme enfantées par notre propre entendement, et il soutient que nous tombons dans une *illusion transcendantale*, en croyant que c'est un *Moi* substantiel et unique qui sente ces impressions, perçoive ces représentations, et juge les concepts qui en dérivent; nos catégories et les principes sur lesquels elles s'appuient ne sont pour lui que des formes ordinales et logiques; la faculté supérieure, la Raison, appelée à généraliser ces concepts et à les systématiser, n'enfante, selon lui, que des combinaisons illusoires; il l'appelle toutefois, par une singulière contradiction, à produire des principes régulateurs et suprêmes; mais il a eu soin de nous avertir qu'elle ne régit que de pures apparences.

Ainsi, selon notre philosophe, nos facultés ne tirent que d'elles-mêmes la détermination des fonctions par lesquelles elles s'exercent, et des conditions de leur exercice. D'un autre côté, les phénomènes naturels se produisent également d'eux-mêmes, sans aucune intervention d'un principe causal et ordonnateur, sans aucune liaison propre, et c'est de notre seul entendement qu'ils reçoivent une coordination quelconque. Kant semble quelquefois parler des lois de la Nature comme s'il n'eût pas enseigné que ces lois étaient imposées à la Nature par les catégories de notre entendement. Dans la discussion théologique, et quand il réfute les arguments par lesquels d'illustres métaphysiciens ont essayé d'établir logiquement l'existence d'un Être nécessaire et divin, une des raisons qu'il y oppose, c'est qu'une marche régulière de la Nature ne pourrait se concevoir, si l'on reconnaissait un Être suprême dont l'intervention arbitraire pourrait troubler la stabilité des lois naturelles, ce qui revient à dire, d'après ses précédentes affirmations, que la Volonté divine viendrait entraver le développement des lois prescrites à la Nature par les catégories de notre entendement. Le Dieu, dont Kant a présenté ainsi les décisions capricieuses comme inférieures aux conceptions humaines, est peut-être la divinité anthropomorphique qu'un zèle inconsidéré offre encore à l'adoration des masses ignorantes, mais ce n'est pas, à coup sûr, l'Essence infinie qui réunit tous les attributs de la Perfection suprême, et qu'ont adorée Platon, Marc-Aurèle, Descartes, Spinoza, Malebranche, Leibnitz, Vico, et avec eux tout l'illustre cortége des grands esprits qui ont éclairé le monde.

Kant affirme ainsi que ces lois de la Nature sont indépendantes de la Réalité divine, et qu'elles lui sont supérieures; ayant établi que ces lois ont leur source dans l'entendement humain qui les impose, c'est de l'homme que procèdent, suivant lui, la nécessité et la régularité de ces lois, et une intervention divine ne pourrait qu'en troubler l'ordonnance !

§ 6

Kant ne cesse d'attribuer l'incompétence de la Raison, telle qu'il la conçoit, à ce que ses *idées* dépassent l'expérience sensible, et dès lors ne correspondent plus à des objets appréciables et réels. Qu'est donc pour lui cette *expérience* à laquelle il attribue une si grande autorité? Elle ne peut consister que dans la synthèse des phénomènes matériels; mais quels sont les éléments de cette synthèse ?

Les phénomènes se présentent à notre intuition avec tant de confusion et de ténuité, qu'ils ne peuvent offrir par eux-mêmes à notre connaissance des choses appréciables et intelligibles et qu'ils doivent subir une complète transformation par l'action de notre entendement, pour que notre pensée puisse les saisir et les concevoir. Il faut donc que la fixité et la permanence du concept remplace la fugacité de la perception; il faut que ce concept se présente avec un caractère de généralité qui l'enlève à toute détermination de lieu et de durée; il faut que les perceptions qualificatives variées et indéterminables soient exprimées par des représentations absolues qui nous offrent les *qualités* sous une forme typique, avec un caractère déterminé et précis; il faut que les séries de ces représentations qualificatives soient rattachées à des unités substantielles qui leur servent de support, et qu'enfin tous les mouvements des choses, ainsi représentées et conçues, viennent à être liés par des formes *verbales* qui les attribuent à leurs *sujets* respectifs. Ce n'est qu'alors, et par toutes ces transformations qui les dénaturent, que les phénomènes peuvent être saisis par notre entendement, et qu'ils donnent lieu à nos opérations rationnelles, ainsi que aux coordinations et aux jugements qui en émanent, et c'est tout cet ensemble qui vient enfin constituer *l'expérience*.

En un mot, ce sont les forces spirituelles de notre entendement, et les lois émanant de la Puissance créatrice qui président à leur développement, ce sont elles qui, concordant avec les propriétés intimes des choses et avec la liaison qui leur est inhérente, les présentent à notre pensée comme formant un système accessible à notre connaissance. Ce n'est donc pas l'élément matériel et sensible des phénomènes qui constitue l'expérience; il ne nous en offre que la *matière*, mais la *forme* ordinatrice résulte de l'action des forces spirituelles, lesquelles s'exercent sur cette *matière* parce qu'elles possèdent en elles-mêmes une vertu expansive capable de la dépasser. Elles dépassent même évidemment ces phénomènes sensibles ; car la liaison lui en est révélée par des éléments supérieurs à la sensibilité. Ces forces spirituelles ne peuvent s'exercer qu'autant qu'il leur soit fourni une *matière* extérieure, et, lorsque nous les voyons s'appliquer à des sujets dépassant la perception phénoménale, nous sommes en droit de conclure qu'elles agissent sur un objet tout aussi réel, avec une compétence tout aussi grande, que quand elles s'exercent sur un objet sensible.

En insistant aussi vivement sur l'incompétence de notre entendement à saisir ce qui dépasse les bornes de l'expérience, Kant n'a jamais exprimé le sens précis qu'il attachait à ce mot *expérience ;* il a employé pour déterminer cette restriction une dénomination vague, qu'il n'a pas définie, et de plus il a posé cette restriction, sans énoncer les raisons intrinsèques qui la rendraient nécessaire.

Il n'a nullement expliqué d'ailleurs s'il considérait les *formes* de notre entendement et leurs rapports réciproques comme pouvant être compris eux-mêmes parmi les objets de l'expérience. En se prononçant pour l'affirmative, il eût admis que l'expérience ne reposait pas exclusivement sur des éléments sensibles, mais aussi sur des choses intelligibles, et que notre entendement s'exerçait sur les uns et sur les autres avec une égale autorité (car il est de toute évidence que ces formes et ces rapports, nous ne les saisissons pas par les sens, mais par l'intelligence), ce qui eût contredit sa constante négation de l'intuition intelligible. Que si, au contraire, il se fût refusé à comprendre les concepts de l'entendement et les lois qui les déterminent parmi les objets de l'expérience, toute considération à leur égard eût été par lui interdite à notre connaissance, comme dépassant la portée qu'il lui avait assignée, et que fussent devenus alors les objets les plus essentiels, et en même temps les plus habituels de notre pensée, et qu'en eût-il été de ses propres argumentations et de l'exposition même de sa doctrine ? Conséquemment, et même en nous plaçant à son propre point de vue, nous sommes en droit de repousser la restriction par laquelle il a voulu renfermer dans le cercle de l'expérience sensible tout l'essor de nos facultés rationnelles, restriction qui est une des bases essentielles de son système.

CHAPITRE XV

DE LA RAISON PRATIQUE

§ 1ᵉʳ

Nous avons vu la dialectique de Kant détruire pièce à pièce les fondements mêmes de notre connaissance et déclarer qu'en ce qui touche les plus hautes questions de la Métaphysique, celles qui intéressent le plus vivement notre conscience, notre Raison ne peut qu'enfanter des concepts fallacieux, et des propositions contradictoires, et l'on se rappelle qu'il s'est efforcé de nier à la fois la réalité de la Personne humaine et celle de la Personne divine. Il est curieux de le voir, après qu'il a entassé tant de ruines, entreprendre de les relever, et de rétablir, en ce qui regarde la pratique, l'édifice qu'il avait renversé au point de vue spéculatif.

Pour parvenir à cette reconstruction, il a cru pouvoir donner pour les mêmes problèmes des solutions tout à fait différentes, et procéder, en quelque sorte, à un dédoublement de la Raison, en faisant accepter par notre intelligence, en tant que Raison pratique, les principes qu'elle repousse, en tant que Raison spéculative. Ainsi la Raison, déclarée par lui impuissante et fallacieuse en ce qui touche les choses de la spéculation, se trouve investie, en ce qui concerne la pratique, du pouvoir d'imposer à la Volonté des lois impératives et absolues, et même d'appeler à les sanctionner cet Être suprême et nécessaire, dont elle méconnaît spéculativement l'existence.

Dans cette singulière doctrine, l'esprit humain, quand il considère les choses en elles-mêmes, et dans leur plus haute généralité, ne trouve devant lui aucun élément subsistant et réel ; quand, au contraire, il introduit dans ses considérations un élément particulier, à savoir les déterminations de notre volonté, il affirme avec une autorité souveraine les principes qu'il rejette quand il les conçoit dans toute leur étendue ; notre esprit proclame alors de sa propre autorité, et en vertu d'une énergie intrinsèque, des lois qui ont un caractère de nécessité, et il va jusqu'à déférer à Dieu l'exécution de ses décrets.

Lorsqu'on se livre dans une calme méditation à l'étude de la doctrine de Kant, et qu'après avoir pris en main sa *Critique de la Raison pure*, on passe à sa *Critique de la Raison pratique*, on peut, avec quelque bonne volonté, se placer successivement avec l'auteur de ces beaux livres à un double point de vue, et en suivre les conclusions contradictoires, comme s'il s'agissait de deux objets tout à fait dissemblables. On est alors moins frappé de cette exposition double et contradictoire ; on l'accueille comme une méthode particulière de démonstration, et l'on peut dès lors, se prêtant aux subtils raisonnements de notre auteur, lui laisser sans protestation élever un mur infranchissable entre la spéculation et la pratique, et les considérer l'une et l'autre comme des territoires indépendants, soumis à des législations diverses. C'est de cette façon que l'on accepte le plus souvent cette dualité de la doctrine critique ; on ne lui accorde pas son assentiment, mais on se révolte pas contre elle, et l'on va souvent jusqu'à en admirer la combinaison ingénieuse. Cependant on s'aperçoit bientôt que l'on se trouve en présence d'un des plus grands excès de l'esprit sophistique, et alors la conscience se lève pour protester contre cette scission en deux parties de l'unité de l'âme humaine, par laquelle on impose à notre Raison des lois différentes, selon qu'elle se porte sur les choses de la spéculation, ou sur celles de la pratique, selon qu'elle considère le Vrai ou le Juste. Peut-on concevoir en effet que la pensée repousse et admette alternativement les mêmes propositions, parce qu'elle les considère d'une manière plus ou moins générale, lorsqu'elle y applique la même puissance intellective, s'exerçant d'après des lois invariables? Mais, en présence de cette immense contradiction, signe évident de l'aberration sophistique, on affirme avec une conviction profonde que le *Vrai* et le *Juste* sont deux notions inséparables, deux aspects d'une chose identique, et que la Vérité est la connaissance de la Justice, comme la Justice est la pratique de la Vérité.

Il y a lieu de faire à cette occasion un remarquable rapprochement.

Nous avons vu de nos jours se produire avec fracas une école théologique qui refusait à l'homme toute possibilité de percevoir la vérité par les efforts de sa raison, et qui, après avoir établi que notre intelligence livrée à elle-même tombait nécessairement dans un absolu scepticisme, montrait qu'il importait cependant d'échapper à tout prix à la dissolution de tous les liens moraux et sociaux, et que dès lors les traditions de l'Église catholique étaient le seul refuge ouvert à l'esprit humain, où, renonçant à toute recherche rationnelle, il pût trouver un complet apaisement, tandis que l'observation de pratiques traditionnelles procurerait aux populations une paix profonde et durable, au prix d'une obéissance absolue. Cette doctrine rationnellement sceptique, et pratiquement asservissante, dont l'enseignement poursuivi sans relâche a fait depuis dans les esprits d'immenses ravages, ne laisse pas de présenter une grande analogie avec les principes de Kant.

Nous voyons des deux côtés affirmer et l'incompétence de la Raison, en ce qui touche les vérités spéculatives, et la nécessité d'assurer l'exercice de la vie pratique par des principes quelconques d'une indiscutable autorité; et, des deux côtés, on oublie également qu'il est *un Verbe divin, une lumière véritable qui éclaire tout homme venant en ce monde.*

Cependant la doctrine morale de notre philosophe a reçu d'universels éloges, et l'on ne peut en effet méconnaître la pureté et la noblesse des maximes qui y sont professées. Mais on doit juger autrement, ce nous semble, les principes qui en sont le fondement, et où l'on retrouve, si on les approfondit, l'esprit général de la doctrine critique. Nous y voyons d'abord la Raison promulguant des lois en vertu d'une énergie propre et indépendante, et ces lois, dépourvues d'autorité et de sanction, présentent un caractère arbitraire, que l'on pourrait assimiler à celui des décrets de certains pouvoirs politiques. Et d'où viendrait à la Raison humaine ce pouvoir législatif? Quelle est la source commune de ces lois, et, si elle n'est en nous que par une action individuelle, comment leur attribuer une autorité générale? Mais comment concevoir ailleurs qu'en Dieu et dans son infaillible Justice cette source commune que ne saurait fournir un fantastique Idéalisme?

Les principes de la doctrine morale de Kant ne nous paraissent donc pas différer de ceux qui constituent sa doctrine idéologique et métaphysique. Sa raison pratique enfante d'elle-même ses lois, comme nous avons vu l'intuition et l'entendement produire d'eux-mêmes leurs formes et leurs catégories, et le Dieu chargé de décerner les peines et les récompenses n'est pas le Dieu vivant, dont la suprême intelligence éclaire notre esprit, dont la Justice éternelle retentit dans nos cœurs, et vers lequel l'humanité tout entière s'élève avec l'élan de l'amour, en l'appelant notre Père; c'est un Dieu hypothétique, que Kant nous offre comme un élément de satisfaction et d'espérance, tel enfin qu'il l'a représenté dans sa Dialectique transcendantale, à savoir, comme une conception digne de respect, qui satisfait à certains besoins de notre nature, et contre laquelle la Critique n'est pas en mesure de produire une exclusion péremptoire.

Nous retrouvons donc dans les éléments rationnels de son Éthique, les mêmes principes que nous avons rencontrés dans sa doctrine spéculative, bien qu'ils y soient déguisés sous un langage presque religieux.

La théorie morale de Kant et sa théorie spéculative s'accordent pour repousser l'intuition spirituelle et intelligible, et c'est cette négation, vice radical de sa doctrine, qui lui a rendu impossible d'asseoir ses préceptes pratiques sur une base théorique quelconque. C'est faute d'une telle base que, pour établir une doctrine morale et échapper aux conséquences de sa Critique destructive, il a été conduit à proposer cette inconcevable bifurcation de la Raison en deux facultés opposées, méconnaissant ainsi l'unité nécessaire de notre connaissance, ainsi que le besoin invincible de notre esprit d'accorder incessamment la pratique et la théorie, les dogmes spéculatifs reçus par la Raison, et les préceptes auxquels se conforme la Volonté.

§ 2

Nous n'entreprendrons pas d'examiner ici les préceptes de l'Éthique de Kant qu'il a exposés dans des livres du plus haut intérêt; nous croyons d'ailleurs avoir montré suffisamment qu'ils reposent sur des principes inadmissibles.

Ces hautes questions nous ramènent naturellement à la doctrine des Stoïciens, impérissable monument de la sagesse antique. Cette grande école, perpétuel honneur du genre humain, résumait sa doctrine morale par ce précepte (si souvent répété dans les pages admirables de Sénèque et du divin Marc-Aurèle) NATURAM SEQUERE! DEUM SEQUERE! *Suis la Nature! Suis Dieu!*

Naturam sequere, suis la Nature, c'est-à-dire obéis à Dieu. Les lois morales sont ainsi présentées comme constituant la *nature* même de l'homme, en tant qu'être rationnel, comme résultant de la *nature* même des choses, manifestation visible de leur divin auteur. Ces lois sont données comme la condition absolue de la vie spirituelle et sociale, vie particulière à l'homme et qui le caractérise en sa qualité d'être appartenant à la Société Rationnelle, à la Société de la Vérité et de la Justice (*Societas Veri et Æqui*, selon l'expression de Vico).

Recommander à l'homme de suivre la Nature, c'est exprimer que les lois morales veulent une adhésion volontaire, un mouvement *actif* de notre âme. C'est par une libre adhésion, que nous nous agrégeons à la Société des êtres rationnels, et en acceptons la législation et le régime. Refuser ou cesser d'adhérer à cette société, c'est abdiquer notre nature rationnelle, et nous reléguer volontairement dans la tourbe des êtres irrationnels, pour qui disparaissent les lois de la Raison et de la Liberté, pour faire place à celles de la Force et de la Nécessité.

Les lois morales sont l'expression des conditions nécessaires du maintien et du développement de la vie rationnelle ; elles gouvernent l'exercice de notre volonté, comme les lois de notre entendement dirigent notre pensée, et comme les lois physiques régissent notre vie corporelle. Toutes ces lois sont la manifestation de la sagesse divine, et nous RÉVÈLENT les conditions nécessaires de l'existence humaine, dans tous les développements divers de notre activité.

Les lois inhérentes à notre vie rationnelle déterminent le développement concordant des manifestations de notre volonté, et, en vertu de ces lois, les actes qui se réfèrent à notre personne correspondent avec ceux qui se rapportent aux divers cercles de notre vie sociale. Elles veulent que dans chacune de ces sphères, quelle qu'en soit l'étendue, il y ait entre nos actes une concordance parfaite, et qu'ils tendent tous vers un même but, vers la réalisation d'un Type idéal d'ordre et de justice. La réalisation de cet Ordre, l'aspiration perpétuelle à cette Justice, constituent la plénitude de cette vie rationnelle, dont le complet exercice répand dans notre âme un sentiment permanent de bonheur et de paix. Lorsque l'homme enfreint cet Ordre, lorsqu'il détourne ses regards du phare directeur de la Justice, il se place de lui-même dans des conditions anormales, qui le soumettent infailliblement à des souffrances d'autant plus sensibles, qu'il se sera écarté davantage de cet ordre, et qu'il se sera plus éloigné de la voie de la justice. La loi de l'ordre contient en elle-même son inévitable sanction, et c'est dans son propre principe que résident absolument ses promesses et ses menaces, ses récompenses et ses peines.

Il est donc faux de considérer les satisfactions matérielles et extérieures comme la récompense nécessaire des actions vertueuses, et comme y devant correspondre. Cependant, même à cet étroit point de vue, tout nous démontre qu'on ne saurait obtenir la possession assurée des avantages matériels, ni améliorer les conditions physiques des associations humaines, sans une exacte observation des lois de la moralité et de la justice qui seules peuvent procurer à chacun le concours de tous, pour utiliser au profit de tous les forces de la nature, et répartir sur un cercle de plus en plus étendu les chances bonnes ou mauvaises de l'existence physique. Les récompenses purement matérielles, que promettaient aux Hébreux leurs traditions religieuses, pouvaient donc être légitimement considérées comme la conséquence nécessaire de leur parfaite obéissance aux préceptes qui déterminaient, selon la justice, leurs rapports réciproques à l'égard de la vie matérielle. Pareillement les dissentiments économiques, qui troublent profondément nos sociétés modernes, constatent dans notre vie sociale une grave perturbation morale : IBI NON VERE VIVITUR, selon l'admirable expression de Térence, *on ne vit pas d'une vie véritable*, là où l'on perd le sentiment des devoirs réciproques, et où l'on oublie les conditions respectives de l'autorité et de l'obéissance, lesquelles ne s'obtiennent que par la constante application des principes d'Ordre et de Justice.

Ce n'est donc pas à une existence ultérieure, dont les conditions sont indéterminables, qu'il faut renvoyer les conséquences heureuses ou terrifiantes de notre vie morale actuelle. On ne saurait trop se persuader qu'un châtiment immédiat, irrévocable, suit nécessairement toute infraction à l'Ordre, et qu'une vie poursuivie dans les voies de la Justice et de la Charité contient essentiellement en elle-même le but final de ses aspirations.

Les plaintes qui s'élèvent sans cesse sur la prospérité des méchants et les souffrances des justes reposent sur une double erreur. On oublie, d'une part, que la vie humaine est loin d'être comprise dans les conditions présentes de notre existence, lesquelles ne sont qu'un stade plus ou moins péniblement parcouru d'un voyage indéfini. D'autre part, on conçoit sous une forme extérieure et matérielle les récompenses, fruit d'une vie vertueuse, et les peines qui doivent atteindre les âmes perverses et déréglées ; tandis qu'il convient de considérer ces peines et ces récompenses, comme inhérentes à l'Ordre moral lui-même, et comme dépendantes de l'action propre des hommes, qui se font eux-mêmes sur leur propre personne les ministres inexorables de la justice divine. La merveilleuse parabole de Job ne saurait être trop méditée. Ses amis lui disent avec une cruelle insistance, que les calamités qui l'accablent sont sans doute la punition de ses iniquités, et le saint Patriarche s'écrie avec douleur : *amici mei immisericordes facti sunt!* et il en appelle avec confiance à la Justice divine.

Ces considérations, si on les conçoit d'une manière générale, se rapportent à la grande question de la finalité des œuvres de Dieu. C'est hasarder des imaginations téméraires et impies que de renfermer les manifestations infinies de la puissance créatrice dans l'état présent des choses et dans les limites de notre courte expérience; car ces manifestations dépassent infiniment la portée de notre intelligence et l'étendue de nos représentations actuelles. Les attributs divins se présentent nécessairement à notre esprit avec un caractère de perfection absolue, et nous devons croire en conséquence que les œuvres de Dieu ont, dans leur ensemble et dans leurs détails, une Finalité suprême, digne de la sagesse et de la justice de leur divin auteur; mais il est absurde autant qu'impie de tenter de déterminer cette finalité par les conceptions de notre entendement limité, et de restreindre dans le cercle si étroit de notre expérience éphémère l'expansion éternelle de l'Essence divine.

Les découvertes récentes de la science ont montré qu'il y a dans les êtres organisés des forces latentes, des organes ébauchés qui ne peuvent se développer dans le mode actuel de leur existence. Des esprits superficiels se fondent sur ces observations, pour en conclure qu'il n'y a aucun plan final dans la création, tandis qu'ils devraient se borner à rejeter les déterminations arbitraires attribuées à cette finalité par un étroit dogmatisme, qui renferme l'infinité de la puissance vitale dans les conditions actuelles de l'existence, où ne se produit qu'une partie à peine saisissable du complet développement de toutes les richesses de la création. Ces investigations scientifiques, bien loin de contredire la finalité des œuvres divines, viennent donc, au contraire, en étendre les limites, en apportant des preuves nouvelles de l'infinité de la Force créatrice dans ces puissances latentes, destinées à une expansion ultérieure, au moyen de transformations successives se produisant dans un temps indéfini.

C'est ainsi que dans l'ordre moral nous sommes impuissants à déterminer cette finalité providentielle, qui embrasse toutes les conditions présentes et futures de l'existence humaine, et dont nous devons attendre avec une confiance absolue les développements successifs. Tenons cependant pour certain, que toute infraction à l'Ordre emporte par elle-même un prompt et inévitable châtiment, qu'il nous faut même, au milieu de nos adversités, adorer les décrets de la Providence divine, et que dans toute occurrence nous devons nous élever avec une pleine sécurité vers l'Être infini, dont la sagesse se manifeste dans cet Ordre éternel, où ne peuvent régner qu'une parfaite Justice, et une inépuisable Miséricorde.

§ 3

Cet Ordre et cette Justice, fondements de la vie rationnelle, de la vie spéciale de l'humanité, ne sont pas, comme le veut Kant, de purs concepts produits par des combinaisons arbitraires de la pensée ; ce sont de vivantes réalités dont l'intime substance nous est révélée par des expressions extérieures que nous pouvons saisir et observer d'une manière positive, tant dans les manifestations de notre vie individuelle, que dans les réalisations de notre vie sociale.

Nos pensées et nos actes se présentent à notre observation comme tendant toujours à se coordonner sous l'influence d'une idée directrice immatérielle, et l'effort constant de notre esprit et de notre volonté pour opérer cette coordination dans toutes les sphères de notre activité se produit incessamment par des faits extérieurs innombrables, qu'il est facile de soumettre à une exacte observation. Les préceptes et les apologues que les générations se transmettent à travers les âges, les chants des poëtes, les traditions religieuses, les législations, les institutions politiques, les œuvres de l'art et de l'esprit, les temples, les tombeaux, tout nous révèle ce perpétuel effort de l'activité humaine pour établir cet ordre et pour déterminer, selon les divers degrés de la culture des populations, les expressions plus ou moins développées du sentiment des choses immatérielles qui vit dans les consciences des hommes.

Les facultés humaines, nous ne saurons trop le redire, veulent être étudiées dans leurs manifestations extérieures, où elles se révèlent dans leur réalité. On n'aboutit qu'à des conclusions paradoxales, lorsqu'on les veut saisir directement en elles-mêmes, au moyen de combinaisons logiques où, quels qu'en soient les détours, on retrouve toujours sa seule pensée initiale. Les Cartésiens, bien plus encore que leur illustre maître, partant d'une définition de la pensée, niaient que les bêtes fussent douées de sensibilité; que diraient nos naturalistes si quelqu'un voulait aujourd'hui déterminer les facultés des animaux, non par l'observation directe de leurs conditions vitales, et de leurs habitudes, mais d'après les déductions de la psychologie cartésienne? C'est pourtant de cette façon que raisonnent nos idéologues, et qu'ont raisonné Kant et ses sectateurs.

Nous terminerons notre examen, en citant un passage de la *Méthodologie transcendantale* de notre philosophe, qui nous semble bien fait pour caractériser l'esprit de sa doctrine.

« Quand la Raison pratique est parvenue à ce point su-

» blime, je veux dire au concept d'un Être premier et uni-
» que, elle n'a pas le droit de faire comme si elle s'était
» élevée au-dessus de toutes les conditions empiriques de son
» application, et qu'elle fût arrivée à la connaissance de
» nouveaux objets, c'est-à-dire de partir de ce concept et
» d'en dériver les lois morales elles-mêmes. En effet, *c'est
» précisément la nécessité pratique interne de ces lois qui
» nous a conduits à* SUPPOSER *une cause subsistante par elle-
» même, ou un sage régulateur du Monde, afin de donner
» à ces lois leur effet ; et par conséquent, nous ne pouvons
» pas après cela les regarder comme contingentes, et comme
» dérivées d'une simple volonté,* SURTOUT D'UNE VOLONTÉ
» DONT NOUS N'AURIONS AUCUN CONCEPT, SI NOUS NE NOUS L'É-
» TIONS FIGURÉE D'APRÈS CES LOIS. Si loin que la Raison pra-
» tique ait le droit de nous conduire, *nous ne tiendrons pas
» nos actions comme obligatoires, parce qu'elles sont des
» commandements de Dieu, mais nous les regardons comme
» des commandements divins, parce que nous y sommes
» intérieurement obligés* ».

Ces paroles nous paraissent résumer exactement les idées de Kant, par rapport à la Divinité et à la Théorie morale. On y voit avec évidence que les principes établis par lui à l'égard de la Raison pratique ne diffèrent en rien de ses conclusions spéculatives. Dieu n'est pour Kant qu'une SUPPOSITION établie pour satisfaire aux besoins de la Raison pratique. Ce n'est pas la Raison divine qui impose à la Raison humaine des Lois nécessaires, ce sont les concepts de notre Raison qui nous conduisent à nous figurer non un Créateur, mais un Rémunérateur suprême. Ces Lois ont un caractère de *nécessité* parce qu'elles émanent de notre seule Raison ; elles seraient *contingentes*, si elles nous venaient de la Sagesse divine ! Leur autorité ne dérive pas de ce qu'elles sont des commandements de Dieu, de la Raison absolue et suprême, elle leur provient de notre Raison, qui leur imprime elle-même le caractère de commandements nécessaires et absolus !

Jamais l'orgueil sophistique n'a contredit plus audacieusement la conscience humaine, et n'est arrivé à de plus révoltantes conclusions.

TABLE DES MATIÈRES

Chapitre.	I. — Esthétique transcendantale...................	4
—	II. — Logique transcendantale.....................	8
—	III. — Des catégories de l'entendement...............	18
—	IV. — Des schèmes de l'entendement................	40
—	V. — De l'entendement et de son action éliminatrice....	47
—	VI. — Du principe de continuité et de la possibilité de l'expérience............................	53
—	VII. — Des Noumènes...........................	69
—	VIII. — De la Raison............................	85
—	IX. — Discussion contradictoire des problèmes métaphysiques...............................	95
—	X. — Des idées cosmologiques et de l'antinomie de la raison pure............................	119
—	XI. — Des Antinomies de la raison pure...............	126
—	XII. — Des Antinomies dynamiques...................	138
—	XIII. — Des fondements de la Théologie naturelle.........	169
—	XIV. — Discussion du problème théologique.............	190
—	XV. — De la Raison pratique......................	220

PARIS. — IMPRIMERIE DE E. MARTINET, RUE MIGNON, 2.

www.ingramcontent.com/pod-product-compliance
Lightning Source LLC
Chambersburg PA
CBHW061957180426
43198CB00036B/1303